Schneider • Rieger

Das Aufklärungs-buch

Sylvia Schneider • Birgit Rieger

Das Aufklärungsbuch

Ravensburger Buchverlag

Bildnachweis

Bilder von www.fotolia.de: Seite 7: DWP, drizzd, Michael Röder; Seite 10: Walter Luger; Seite 11: Tomasz Trojanowski, drizzd, Michael Röder; Seite 16: moodboard; Seite 19: drizzd, Michael Röder; Seite 22: Patrizia Tilly; Seite 25: Denkou Images; Seite 26: SyB; Seite 30: Mats Tooming; Seite 33: PeJo; Seite 35: Phototom, drizzd, Michael Röder; Seite 36: Jerusha; Seite 39: Klaus Eppele; Seite 41: Pedro Nogueira; Seite 42: fotofrank; Seite 43: Ye Liew; Seite 44: Olga Struk; Seite 47: godfer, drizzd, Michael Röder; Seite 49: Tomasz Trojanowski; Seite 51: style-photographs; Seite 52: bilderbox; Seite 55: Maria.P.; Seite 57: Fotolia IV; Seite 63: Daniel Fuhr, drizzd Michael Röder; Seite 68: martin schmid; Seite 76: Vasiliy Koval; Seite 77: ant236; Seite 79: Franz Pfluegl, drizzd, Michael Röder; Seite 86: Jörg Vollmer; Seite 87: Dominique VERNIER; Seite 93: drizzd, Michael Röder; Seite 96: Fotolia V; Seite 99: Eric Simard; Seite 101: Kzenon, drizzd, Michael Röder; Seite 107: godfer, drizzd, Michael Röder; Seite 110: emeraldphoto; Seite 113: Lev Dolgatshjov; Seite 119: Michael Kempf, drizzd, Michael Röder; Seite 121: Benicce;
Bilder von iStockphoto: Seite 93: gaiamoments;
Seite 19: © Markus Moellenberg/zefa/Corbis; Umschlagfotos hinten, Seite 29: Ernst Fesseler;
Seite 38: Sabine Zürn; Seite 106: Mit freundlicher Genehmigung und Unterstützung der Bundeszentrale für gesundheitliche Aufklärung;

Der Verlag dankt allen Personen und Institutionen für die Genehmigung zum Abdruck von Bildmaterial, auf dem ein Urheberrecht ruht. Es wurde größtmögliche Sorgfalt darauf verwendet, die Rechtsinhaber zu ermitteln und zu nennen. Sollten dabei Fehler unterlaufen sein, bitten wir um Benachrichtigung.

Bibliografische Information der Deutschen Nationalbibliothek:

Die Deutsche Nationalbibliothek verzeichnet diese Publikation in der Deutschen Nationalbibliografie. Detaillierte bibliografische Daten sind im Internet über **http://dnb.d-nb.de** abrufbar.

6 5 4 3 2   12 11 10 09

© 2009 Ravensburger Buchverlag Otto Maier GmbH,
Postfach 1860, 88188 Ravensburg
Alle Rechte, auch die des auszugsweisen Nachdrucks,
der fotomechanischen Wiedergabe und der Übersetzung, vorbehalten
Illustrationen: Birgit Rieger
Redaktion Sabine Zürn
Printed in Germany
ISBN 978-3-473-55235-1

www.ravensburger.de

Inhalt

Pubertät – Alles verändert sich 7

Du wirst erwachsen 11

Mädchensachen 19

Jungensachen 35

Wird alles anders? 47

Erste Liebe 63

Auf Nummer sicher: Verhütung 79

Schwanger – was tun? 93

Wenn Sex krank macht 101

Uns geht's gut 107

Zukunft kommt nicht von Zufall 119

Adressen 123

Register 127

Pubertät – Alles verändert sich

Pubertät – Alles verändert sich

Die Entwicklung, in der du dich gerade befindest, ist eine der aufregendsten im ganzen Leben! Fast täglich entdeckst du etwas Neues an dir. Dein Körper verändert sich, deine Stimmung wandelt sich – mal hast du prima Laune, mal hängst du durch – und deine Umwelt nimmst du auf ganz neue Weise wahr. Kurz und gut: Alles verändert sich.

Erwachsen werden

Wenn ein Mensch – so wie du jetzt – erwachsen wird, nennt man das Pubertät. Das ist die Phase, in der Mädchen und Jungen geschlechtsreif und allmählich erwachsen werden. Was das bedeutet, weißt du sicher schon: Sie können sich ineinander verlieben, miteinander gehen und ein Paar werden. Vielleicht haben sie auch Sex miteinander und können Mutter oder Vater werden.

Wann diese Entwicklung beginnt, lässt sich nicht genau vorhersagen. Das ist von Mensch zu Mensch verschieden. Bei manchen fängt sie früher an, bei anderen dauert es länger. Mädchen kommen etwa anderthalb Jahre früher in die Pubertät als Jungen. Körperliche und seelische Reifung laufen außerdem nicht immer gleichzeitig ab. Meist wird der Körper etwas rascher erwachsen. Deswegen bist du am Anfang deiner Pubertät auch noch ein Kind und brauchst den Schutz deiner Eltern.

Doch natürlich interessiert es dich vor allem brennend, wann es denn bei dir so weit ist. Du kommst in die Pubertät, ohne dass du etwas davon merkst. Denn die ersten Veränderungen finden in deinem Körperinneren statt und machen sich nicht gleich bemerkbar. Aber irgendwann kommt der Tag, an dem du feststellst, dass sich etwas an dir verändert hat.

Pubertät – Alles verändert sich

Wahrscheinlich siehst du, dass du einen kleinen Busen bekommst, dass die ersten Härchen unter den Achseln sprießen oder du bemerkst plötzlich, dass dein Glied größer geworden ist.
Ganz bestimmt hast du irgendwann das Gefühl, dich selbst zum ersten Mal ganz bewusst zu sehen. Was ist das für ein neuer Mensch, der mich da im Spiegel anblickt? Und dann weißt du plötzlich: »Hey, ich bin in der Pubertät! Cool, ich werde erwachsen!!! Alle mal herhören: Mit mir ist jetzt zu rechnen!«

Erste Liebe

Du befindest dich auf dem Weg vom Kind zum erwachsenen Menschen. Jeder Mensch macht diese Veränderungen durch, die das Leben manchmal richtig durcheinanderwirbeln lassen. Das war bei allen Erwachsenen so, auch bei deinen Eltern.
Das Aufregendste in dieser Zeit ist die sexuelle Reifung: Sie bedeutet in erster Linie, dass Jungen und Mädchen nun ein anderes Verhältnis zueinander entwickeln als in der Kindheit. Zu Beginn der Pubertät schleichen beide Geschlechter noch zaghaft umeinander herum.
Die kindliche Unbefangenheit von früher ist plötzlich vorbei. Du siehst »das andere Geschlecht« auf einmal mit ganz anderen Augen. Dann kommen die ersten Schwärmereien – vielleicht für einen Popstar oder für jemanden aus der Nachbarschaft oder aus deiner Schule. Irgendwann verliebst du dich zum ersten Mal richtig und erlebst deine erste große Liebe. Und irgendwann wollt ihr miteinander schlafen.

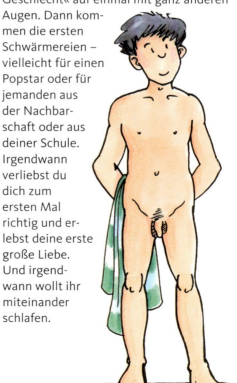

Pubertät – Alles verändert sich

Lieben muss ein junger Mensch aber zunächst einmal lernen. Und das gilt sowohl für die seelische als auch für die körperliche Liebe. Dabei kannst und wirst du eine Menge Erfahrungen machen – positive, aber auch negative. Es wird eine Weile brauchen, bist du weißt, wie alles so läuft und wie du mit deinen Gefühlen und mit anderen Menschen umgehst.

Du und deine Eltern

Zur Pubertät gehört ebenfalls die allmähliche Loslösung von den Eltern. Das ist ein Prozess, der Jahre dauert. Begonnen hat er im Grunde schon bei deiner Geburt. Doch während du in der Kindheit noch auf die Entscheidungen und die Unterstützung deiner Eltern angewiesen warst und diese auch akzeptiert hast, möchtest du deine Angelegenheiten nun allein regeln. Du willst selbst bestimmen, mit wem du befreundet bist, was du in deiner Freizeit machst, wann du abends nach Hause kommst und wann du deine Schularbeiten erledigst. Daraus ergeben sich natürlich eine ganze Reihe von Reibungspunkten zwischen deinen Eltern und dir. Denn ihr werdet euch nicht immer einig sein. Doch das ist völlig normal. Es ist sogar wichtig für dich und dein späteres Leben.

Die Pubertät ist trotz aller spannenden Dinge, die du nun erfährst und erlebst, nicht immer unbedingt eine einfache Sache. Denn ganz bestimmt fühlst du dich manchmal allein gelassen, einsam und überfordert. Es stürmen ja auch viele Veränderungen auf einmal auf dich ein: ein Körper, der dir noch fremd ist, neue Freiheiten, andere Ansichten, sexuelle Regungen, erste Liebe, eine veränderte Beziehung zum anderen Geschlecht und eines Tages der erste Geschlechtsverkehr. Du beginnst dich erwachsen zu verhalten, möchtest und musst dies auch. Trotzdem fühlst du dich oft noch wie ein Kind.

Für deine Eltern bist du ohnehin noch ihr Kind, denn auch sie müssen sich erst daran gewöhnen, dass du nun erwachsen wirst. Sie sind ja auch für dich verantwortlich, bis du reif genug dafür bist.

Zwischen Chaos und Aufbruch

Viele Jugendliche erzählen, dass sie am Anfang ihrer Pubertät ziemlich durcheinander waren. Körperliche Entwicklung, seelische Veränderungen, Sexualität, Selbstbewusstsein, Selbstständigkeit, persönliche Beziehungen, Gefühle und Auseinandersetzungen in Einklang zu bringen, erfordert viel Kraft. Umso besser ist es, wenn du darüber Bescheid weißt, was in dieser Zeit in dir, mit dir und um dich herum passiert.

Du wirst erwachsen

Du wirst erwachsen

Seit du auf der Welt bist, entwickelst du dich. Erst warst du ein kleines Baby. In dieser Zeit hast du dich am schnellsten verändert: Nach der Geburt warst du noch ganz hilflos, hast dann aber jeden Tag etwas Neues hinzugelernt – während deiner ganzen Kindheit war das so. Die wichtigsten deiner Entwicklungsschritte haben deine Eltern bestimmt auf Fotos festgehalten. Nun steht dir aber eine ganze besondere Zeit bevor: die Pubertät. Sie ist die erste Phase im Leben, in der du deine eigene Entwicklung bewusst mitverfolgen kannst.

Wann du mit der Pubertät rechnen kannst

Die Pubertät beginnt etwa um das 11. Lebensjahr herum und ist ungefähr mit 18 Jahren abgeschlossen. Mädchen entwickeln sich rund anderthalb Jahre früher als Jungen. Mit etwa 9 bis 10 Jahren machen Mädchen die ersten Schritte in Richtung Erwachsenwerden, Jungen mit 10 bis 12 Jahren. Erst im Lauf der Zeit gleicht sich dieses unterschiedliche Tempo bei Mädchen und Jungen aus. Diese Zahlen wurden von Forschern ermittelt. Sie sollen dir eine ungefähre Vorstellung davon geben, wann du mit der Pubertät rechnen kannst. Wann genau das sein wird, lässt sich natürlich nicht aus Tabellen erkennen.

Mädchen und Jungen aus Europa und den USA kommen früher in die Pubertät als zum Beispiel Kinder aus Afrika. Auch bei deinen Großeltern und Eltern setzte die Entwicklung viel später ein als bei euch heute. In den vergangenen Jahren hat man beobachtet, dass die Pubertät heute sogar noch früher einsetzt. Vor etwa 100 Jahren begann sie im Durchschnitt erst im Alter von 13 Jahren. Der Beginn der Pubertät wird von einer ganzen Reihe von Faktoren beeinflusst. Das bestimmt natürlich in erster Linie dein Körper, aber auch wie du lebst, ist wichtig. Fachleute sind der Ansicht, dass

Du wirst erwachsen

vor allem die ausreichende Ernährung und unsere günstigen Lebensbedingungen dafür verantwortlich sind, dass die Pubertät immer eher eintritt. In früheren Generationen hatten die Menschen oft nicht gut genug zu essen und lebten allgemein in schlechteren Verhältnissen als wir. Vor allem die Hygiene ließ zu wünschen übrig.

Alles zu seiner Zeit

Ob du nun mit 10 oder mit 14 Jahren in die Pubertät kommst, ist normal. Es muss dich nicht beunruhigen, wenn deine Freundinnen und Freunde schon weiter entwickelt sind als du. Oder wenn du selbst schon weiter bist als die anderen. Es ist typisch für diese Entwicklungsphase, dass gleichaltrige Jugendliche unterschiedlich schnell reifen. Häufig kommt es vor, dass zwei Freundinnen oder Freunde sich in einem ganz anderen Tempo entwickeln. Der eine steht vielleicht noch am Beginn seiner körperlich-seelischen Entwicklung, während der andere schon weiter ist. Das kann mit sich bringen, dass sich auch die Interessen unterschiedlich entwickeln. Das eine Mädchen spielt noch mit Puppen, die Freundin interessiert sich vielleicht schon für Jungs. Während der eine Junge noch an seinem Flugzeug bastelt, ist ein anderer das erste Mal richtig verliebt. So kann dir deine beste Freundin oder dein bester Freund plötzlich ganz fremd werden. Das sollte dich aber nicht irritieren. Jeder entwickelt sich so schnell oder langsam, wie es für ihn persönlich vorgesehen ist. Das Ergebnis ist bei »Frühentwicklern« genau das Gleiche wie bei »Spätentwicklern«: ein erwachsener Mensch. Und so wird es auch bei dir sein. Wenn du etwas mehr über deine eigene Entwicklung erfahren möchtest, kannst du deine Eltern und Großeltern fragen, wie die Pubertät bei ihnen gewesen ist. Denn der Verlauf der Entwicklung ist bei Familienmitgliedern oft sehr ähnlich.

Du wirst erwachsen

Mädchen sind anders, Jungen auch

Dass Mädchen und Jungen, Männer und Frauen unterschiedlich aussehen, weißt du schon längst. Was dir aber vielleicht neu ist: Schon bei der Empfängnis, also wenn die Eizelle der Frau mit der Samenzelle des Mannes verschmilzt, ist festgelegt, ob das Baby ein Mädchen oder ein Junge wird.

Bei der Befruchtung kommen die Erbanlagen der Mutter und die des Vaters zusammen. Die der Mutter befinden sich in der Eizelle, die des Vaters in der Samenzelle. Wenn diese beiden Zellen miteinander verschmelzen, vermischen sich auch die Erbanlagen der Eltern. Alle menschlichen Zellen enthalten 46 Chromosomen, auf denen die Erbanlagen angeordnet sind. Die menschlichen Keimzellen – wie Ei- und Samenzelle auch genannt werden – besitzen aber jeweils nur 23 Chromosomen. Wenn Eizelle und Samenzelle zusammenkommen, werden also zwei Hälften zu einem Ganzen zusammengefügt. Aus den 46 Chromosomen entwickelt sich ein neuer Mensch.

So heißen die Geschlechtsorgane in der Medizin

Geschlechtsorgane	Genitalien
Eierstock	Ovar
Eileiter	Tube
Gebärmutter	Uterus
Scheide	Vagina
Schamlippen	Vulva
Kitzler	Klitoris
Monatlicher Regelkreis	Zyklus

Du wirst erwachsen

X oder Y

Ob das Baby ein Mädchen oder ein Junge wird, »bestimmt« der Vater mit seinen Erbanlagen. Jede Samenzelle enthält entweder ein X- oder ein Y-Chromosom. Sie werden nach ihrer Form so genannt. Das X-Chromosom trägt die Erbinformationen für ein Mädchen, das Y-Chromosom die für einen Jungen. In der Eizelle der Mutter schlummert immer ein X-Chromosom. Erreicht bei der Verschmelzung der beiden Zellen eine Samenzelle mit einem X-Chromosom die Eizelle, so entsteht die Kombination XX, und damit ein Mädchen.

Befruchtet eine Samenzelle mit einem Y-Chromosom die Eizelle, bildet sich daraus eine YX-Kombination – ein Junge. Bis zur siebten Schwangerschaftswoche ist kein Unterschied zwischen einem Jungen und einem Mädchen zu erkennen. Sie entwickeln sich zunächst völlig gleich. Dann trennen sich die Wege aber doch. Diese Entwicklung wird von den sogenannten Sexualhormonen gesteuert. Sie werden in den Geschlechtsorganen gebildet: Bei der Frau sind das die Eierstöcke, beim Mann die Hoden. Das wichtigste weibliche Hormon heißt Östrogen, das wichtigste männliche Testosteron.

Blutung	Menstruation/Periode
Jungfernhäutchen	Hymen
Eizelle	Follikel
Hoden	Testis
Vorsteherdrüse	Prostata
Glied	Penis
Samenerguss	Ejakulation
Gliedsteife	Erektion
Samenzelle	Spermium
Samenflüssigkeit	Ejakulat
Eichel	Glans
Vorhaut	Präputium
Hodensack	Skrotum
Schamhügel	Mons pubis

Du wirst erwachsen

Diese »Botenstoffe« beeinflussen viele wichtige Aufgaben des Körpers. Auch für deine Entwicklung in der Pubertät sind sie verantwortlich.

Verschieden und doch ähnlich

Männliche und weibliche Geschlechtsorgane entsprechen sich: Dem Glied entspricht der Kitzler. Die Eierstöcke und die Hoden bestehen aus dem gleichen Körpergewebe. Sie reagieren beide empfindlich auf Druck oder Berührung.

Am Ende der Schwangerschaft haben sowohl der Junge als auch das Mädchen kleine Geschlechtsorgane. Sie wachsen später während der Pubertät. Schon bei der Geburt sind bei Mädchen bereits die Eianlagen vorhanden; sie reifen von der Pubertät an aus. Bei Jungen dagegen werden die Samenzellen erst von der Pubertät an gebildet.

Jungen sind von Beginn an »kleine Männer«. Ihre Geschlechtsorgane Glied und Hoden befinden sich außerhalb des Körpers und sind sichtbar. Deshalb ist es für Jungen wohl auch leichter, sich mit ihrem Geschlecht zu identifizieren. Viele Mädchen dagegen entwickeln meist erst in der Pubertät ein Gefühl für ihre Weiblichkeit, wenn der Busen wächst und die Monatsblutung einsetzt. Als Kinder denken Mädchen oft, sie hätten gar kein Geschlecht. Nur vergessen die Erwachsenen häufig, einem Mädchen in der Kindheit schon zu sagen, dass bis auf den Busen bereits »alles da« ist.

Ohne Hormone geht gar nichts.
Der wichtigste Anstoß für die Pubertät kommt von den Hormonen. Das sind körpereigene Botenstoffe, mit denen der Körper fast alle seiner Abläufe steuert. Es gibt viele verschiedene Hormone, die alle eigene Aufgaben haben. Beispielsweise regulieren sie Körpervorgänge, indem sie direkt auf ein Organ einwirken, es zur Arbeit anregen oder es kontrollieren. Oft arbeiten auch mehrere Hormone zusammen.
Die Hormone werden überwiegend in dafür vorgesehenen Drüsen gebildet. Durch das Blut werden sie zu den verschiedenen Körperteilen transportiert. Damit die Hormone überhaupt an ihren »Arbeitsplätzen« wirksam werden können, sind diese mit Empfangsstellen ausgestattet. Sie heißen Rezeptoren und fischen die Hormone aus dem Blut ab. Zu jedem Rezeptor passt ein Hormon. Sie fügen sich zusammen wie Schloss und Schlüssel.

Los geht's!

In der Kindheit sind deine Geschlechtsorgane noch in der »Warteschleife«. In ihnen werden nur ganz winzige Mengen an Geschlechtshormonen gebildet. Fast jedes Kind macht in dieser Zeit erste Erfahrungen mit seinen Geschlechtsorganen. Bei Jungen kann es zu kleinen Erektionen kommen.
Doch irgendwann ist der kindliche Ruhezustand beendet und der Körper

Du wirst erwachsen

beginnt Hormone zu bilden. Hat die Ausschüttung der Hormone eine bestimmte Menge erreicht, wird der erste Wachstumsschub ausgelöst. Die oberste Kommandozentrale ist das Gehirn – wie bei allen anderen Körpervorgängen auch. Es befiehlt den Geschlechtsorganen, nun ihre Hormonproduktion voll aufzunehmen. Dadurch kommt das hormonelle Auf und Ab so richtig Fahrt.

Das Gehirn steuert von nun an Sexualität und Fruchtbarkeit vom Hypothalamus aus. Das ist ein Teil des Zwischenhirns. Er veranlasst die Hirnanhangdrüse (Hypophyse), die Hormone FSH und LH zu bilden. Die Abkürzung FSH steht für »Follikel stimulierendes Hormon« und LH für »Luteinisierendes Hormon«.

Sie werden von nun an zu den Eierstöcken und zu den Hoden geschickt, um diese zur Arbeit anzutreiben. Sie sollen vor allem zunächst Östrogen und Testosteron ausschütten. Diese beiden Hormone haben die Aufgabe, Ei- und Samenzellen heranreifen zu lassen. Diese beiden Geschlechtshormone sorgen auch dafür, dass die Geschlechtsorgane richtig ausreifen und größer werden. Nun bekommst du allmählich Wind von der Sache und merkst, dass sich bei dir etwas verändert: Unter dem Einfluss von Östrogen bilden sich bei Mädchen die äußeren Geschlechtsorgane, die Brüste und die weiblichen Hüften aus. Das Testosteron sorgt bei Jungen dafür, dass der Bartwuchs beginnt und das

Du wirst erwachsen

Kreuz breiter wird. Bei beiden Geschlechtern bilden sich nun auch Achsel- und Schamhaare.
Jedes Geschlecht bildet übrigens in ganz kleinen Mengen auch die Hormone des anderen Geschlechts. Frauen haben also immer etwas Testosteron und Männer etwas Östrogen im Blut.
Auch dem Wachstumshormon wird nun durch die Hirnanhangdrüse Beine gemacht: Es regt bestimmte Zellen in deinen Knochen dazu an, sich zu vermehren. Dadurch kommt es zu einem Wachstumsschub: Die Knochen werden länger und du wächst. Zwar bist du natürlich schon vorher in Schüben gewachsen, aber jetzt kannst du fast dabei zusehen, wie du größer wirst. Während du in die Höhe schießt, kann es manchmal unangenehm in den Muskeln oder Knochen ziehen. Das passiert vor allem, weil sie unterschiedlich schnell wachsen und dadurch Spannungen erzeugt werden können.

Mit dem Wachstum verändert sich die Form deines Körpers. Auch dein Gesicht verliert allmählich seine kindlichen Rundungen und wird länger. Bei Jungen ändert sich das Gesicht stärker als bei Mädchen. Sie bekommen mit der Zeit auch mehr Muskeln als Mädchen. Das ist einer der Gründe, warum Jungen mehr Kraft haben als Mädchen. Es liegt aber auch daran, dass Herz und Lunge bei ihnen größer sind.
Aus der Tatsache, dass Männer mehr Kraft haben als Frauen, hat man lange Zeit geschlossen, dass Frauen das »schwache Geschlecht« sind. Wie wir heute alle wissen, ist das Unsinn. Jedes Geschlecht hat seine starken und seine schwächeren Seiten. Das ist allerdings auch eine Frage der Bewertung. Und die ändert sich von Zeit zu Zeit. Alles ist im Fluss – so wie deine Pubertät!

Mädchensachen

Mädchensachen

Mädchen stellen bei ihrer Entwicklung zur Frau als Erstes fest, dass sich ihre Brust allmählich sanft wölbt. Bei den meisten beginnt sie vom 10. Lebensjahr an zu wachsen. Sie ist nämlich das erste Organ, das auf die Hormone reagiert. Diese bildet dein Körper ja nun in immer größer werdenden Mengen. Hast du bei dir selbst bereits einen Brustansatz entdeckt? Dann wird es von nun an noch etwa zwei Jahre dauern, bis du deine erste Regel bekommst. So kannst du dich ganz langsam darauf einstellen.

Dass deine Eierstöcke angefangen haben Hormone zu bilden, merkst du daran, dass deine Stimmung viel leichter schwankt als früher. Mal bist du höchst vergnügt bis übermütig und dann wieder ziemlich mies drauf. Viele junge Mädchen stehen für eine Weile mit ihrem Körper und ihrem Aussehen auf Kriegsfuß. Sie finden sich unattraktiv und sind deshalb oft traurig.

Weil der Körper jetzt wächst, verschwindet die kindliche Figur und dein Körper wird erwachsener und weiblicher. Da Jugendliche nicht überall gleichmäßig wachsen, sehen sie in dieser Zeit manchmal etwas unproportioniert aus. Bei Mädchen ist dieser Zustand jedoch bald wieder vorbei. Das sollte dich trösten.

Deine Brust wächst

Zunächst ist die Veränderung kaum sichtbar: Die Brustwarzen richten sich ein wenig auf, werden größer und färben sich dunkler. Dann wird die Brust runder, denn unter den Brustwarzen entwickeln sich die Milchdrüsen. Hier bildet sich nach der Geburt eines Babys die Muttermilch. Die Milchdrüsen bestehen zunächst aus winzigen, noch unentwickelten Anlagen, mit denen Mädchen bereits auf die Welt kommen.

Das Brustwachstum macht sich bei vielen Mädchen durch Druckgefühle und Reizungen bemerkbar. Wenn dich das stört, kannst du mit deiner Mutter darüber sprechen, ob du vielleicht einen BH tragen solltest. Vor die schmerzenden Brustwarzen kannst du etwas Watte einlegen. Wenn die Brust größer wird, möchten viele Mädchen sowieso gern einen BH tragen. Das ist einmal ein

Mädchensachen

Zeichen dafür, dass sie nun erwachsen werden. Andererseits ist es aber auch angenehmer, wenn die Brüste nicht bei jeder Bewegung schaukeln, und die Bänder, die sie halten, nicht gezerrt werden. Wenn du dich allerdings ohne Büstenhalter wohler fühlst, kannst du ruhig darauf verzichten. Auch medizinisch spricht nichts dagegen. Beim Laufen oder bei Aerobic ist es aber ratsam, einen richtigen Sport-BH anzuziehen.

Die Brust ist ein sehr sensibles Sexualorgan. In ihr enden besonders empfindliche Nerven. Werden die Brüste zart berührt, kann sich die sexuelle Lust der Frau sehr steigern. Der Weg von der kleinen »Brustknospe« bis zur ausgewachsenen Brust ist weit und dauert etwa bis zum 15. oder 17. Lebensjahr. Doch auch im Lauf deines späteren Lebens wird sie sich immer wieder verändern – etwa in den Tagen vor der Monatsblutung, wenn du schwanger bist oder ein Baby stillst. Übrigens verändert sich auch bei Jungen die Brust. Das in geringen Mengen ausgeschüttete Hormon Östrogen regt die Ausbildung der Drüsen an, doch ein starker Wachstumsschub wie bei Mädchen findet nicht statt. Auch Jungen können zu Beginn der Pubertät Schwierigkeiten mit der Brust bekommen. Sie kann – bis sich die Hormonbildung eingependelt hat – anschwellen, spannen und wehtun. Manche Jungen bekommen für eine Weile sogar einen kleinen Busen. Das ist aber ganz normal. Nach einiger Zeit bildet er sich wieder zurück.

Jede Brust ist anders

Vielleicht hast du festgestellt, dass sich eine Brust schneller entwickelt als die andere und etwas größer ist. Bei vielen Frauen bleibt das so: Meist ist die linke Brust größer – so wie manche Menschen zwei unterschiedlich große Füße und Hände haben.

Viele Mädchen haben Angst, dass ihre Brust zu groß oder zu klein wird, dass sie zu weit oben oder unten sitzt, dass sie hängt oder zu vorwitzig nach oben gerichtet ist. Das ist verständlich. Vor allem weil alle Welt heute so tut, als sei die Brust der Frau eine beliebig formbare Angelegenheit. Es entsteht der Eindruck, als müsstest du nur zu einem Schönheitschirurgen gehen, um dir eine Idealbrust schnippeln zu lassen. Diese genormten Kunstbrüste sehen wir ja häufig in den Medien.

Einmal davon abgesehen, dass diese Eingriffe in sehr vielen Fällen schief gehen, dein Leben gefährden und dich bis ans Lebensende entstellen können, ist die Brust keine Modesache. Ebenso wenig wie die Figur oder die Augenfarbe. Sie sind etwas ganz Persönliches und einzigartig. Etwas was nur dich auszeichnet und niemand anderen. Jede Frau hat ihren ganz individuellen Busen, der zu ihr gehört wie ihr Fingerabdruck. Lass dir da bitte auch nichts anderes einreden!

Mädchensachen

Wie sich die Brust entwickeln wird, ist bereits bei deiner Geburt festgelegt. Die Milchdrüsen sind bei Frauen des gleichen Alters annähernd gleich groß. Welche äußere Form die Brust bekommt, hängt von der Menge des Gewebes ab, das sich zwischen den einzelnen Drüsen bildet. Und dies ist wiederum von deinen Erbanlagen abhängig. Du wirst feststellen, dass deine Mutter, deine Großmutter oder deine Tanten eine ähnliche Brust haben wie du.

Die Brustform ist also nicht zu beeinflussen. Ein großer Busen wird durch Hungerkuren nicht kleiner, ein winziger durch Massage, Gymnastik oder viel Essen nicht größer. Über die Fähigkeit, später beim Liebesspiel an der Brust Lustgefühle empfinden oder ein Baby stillen zu können, sagen Größe und Form der Brust nichts aus. Ebenso wenig lassen sich daraus persönliche Eigenarten oder Charaktermerkmale ablesen: Ob du warmherzig, besonders herzlich oder mütterlich bist, entscheiden ganz sicher andere Dinge als deine Brust.

Die Entwicklung der Geschlechtsorgane

Bereits während der Entwicklung im Bauch deiner Mutter hat sich bei dir Entscheidendes getan. Ein kleines Mädchen wird nämlich mit allen Geschlechtsanlagen einer Frau geboren. Deine Geschlechtsorgane waren bei der Geburt schon richtig ausgebildet: die beiden Eierstöcke, zwei Eileiter, die Gebärmutter, die Scheide und der Kitzler.

All diese Organe befinden sich im Unterleib unterhalb deines Bauchnabels. In der Mitte liegt die Gebärmutter, die die Form einer klitzekleinen Birne hat.

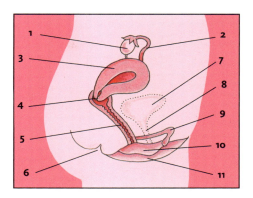

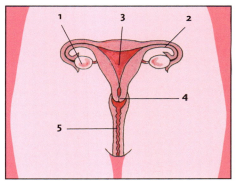

1 Eierstock
2 Eileiter
3 Gebärmutter
4 Muttermund
5 Scheide
6 After
7 Harnblase
8 Harnröhre
9 Kitzler
10 Innere Schamlippen
11 Äußere Schamlippen

Am »Kopf« dieser Birne windet sich auf jeder Seite ein winziger Eileiter zum Eierstock hin. Von der Gebärmutter aus führt die Scheide nach unten aus dem Körper hinaus. Aber nicht nur das: In den Eierstöcken haben sich schon vor der Geburt etwa 700 000 Eianlagen gebildet. Das sind die kleinen Bläschen, die von der Pubertät an in jedem Zyklus zu Eizellen heranreifen. Aus ihnen entsteht nach einer Befruchtung mit der Samenzelle eines Mannes ein Baby.

Mädchensachen

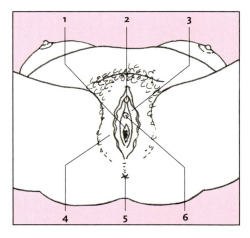

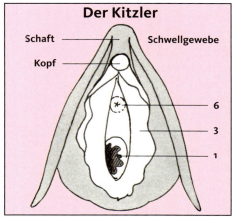

Der Kitzler

Schaft — Schwellgewebe
Kopf

1 Scheidenöffnung mit Jungfernhäutchen
2 Kitzler
3 Innere Schamlippen
4 Äußere Schamlippen
5 Darmöffnung
6 Harnröhrenöffnung

In der Kindheit sind diese weiblichen Organe noch klein. Äußerlich sind nur die Schamlippen mit der Schamspalte zwischen den Oberschenkeln zu sehen. Zwischen ihnen schlummert versteckt der Kitzler, das sexuell empfindlichste Organ der Frau. Er wird auch Klitoris genannt. Sie reagiert sehr sensibel auf liebevolle Berührungen.

Etwa um das 7. Lebensjahr herum erwachen die Geschlechtsorgane aus ihrem kindlichen Dornröschenschlaf. Dies findet jedoch zunächst noch eine Weile im Verborgenen statt. Erst werden die Hormone ausgeschüttet, die die Organe zum Wachsen und Reifen anregen. Wenn die Hormonmengen hoch genug sind, zeigt sich das auch äußerlich: an der Brust und an den ersten, noch flaumweichen Härchen an der Scham und in den Achselhöhlen. Nach einer Weile beginnen sie sich zu kräuseln und kräftiger zu werden. Ob diese Behaarung dicht oder dünn, hell oder dunkel wird, hängt ebenfalls von deinen Erbanlagen ab.

Ganz schön dufte, diese Haare

Die Haare unter an Achseln und an der Scham dienen in erster Linie als Duftträger: Es werden nämlich bei Frauen und Männern sowohl unter den Armen als auch rund um die äußeren Geschlechtsorgane Duftstoffe ausgeschieden. Bei sexueller Erregung werden besonders viele Duftstoffe produziert. Bei der Frau hängt die Bildung dieser Düfte noch davon ab, an welchem Punkt ihres Zyklus sie sich gerade befindet: Zur Zeit des Eisprungs werden mehr Duftstoffe ausgeschüttet. So »sichert« die Natur, dass Männer durch diese »Parfümierung« sexuell angeregt werden und den Eisprung der Frau nicht einfach verpennen. Denn wenn es nach der Natur geht, soll der Mensch vor allem eines: Kinder kriegen. Jeder Mensch hat seinen eigenen unverwechselbaren Liebesduft. Ob wir mit einem anderen Menschen gut zurechtkommen, hängt nicht unwesentlich davon ab, ob uns seine »Duftmarke« angenehm oder unangenehm ist. Noch nach vielen Jahren werden mit einem Geruch ganz plötzlich angenehme Gefühle und Erinnerungen wach. Jungen und Mädchen, die miteinander gehen, tauschen zum Beispiel oft einen Pullover oder Schal aus, weil sie das Gefühl haben, mit dem Geruch die Nähe des anderen zu spüren. Das ist keine Einbildung.

Die erste Regel

Das wichtigste Erlebnis im Laufe dieser Entwicklung ist für die meisten Mädchen die erste Monatsblutung. In der Medizin wird sie Menarche genannt. Das ist ein Ereignis, auf das jedes Mädchen stolz sein kann. Denn die Monatsblutung ist das unverwechselbarste Zeichen der Weiblichkeit. Sie steht am Anfang eines jeden Lebens. Sie ist mit vielen körperlichen und seelischen Merkmalen verwoben, die das Frausein ausmachen. Die erste Regel tritt im Durchschnitt zwischen dem 9. und dem 15. Lebensjahr ein. Der Zeitpunkt liegt in etwa drei Jahre nach dem Beginn der Hormonproduktion und zwei Jahre nach der Brustknospung. Die Eierstöcke müssen genügend Östrogen für eine Blutung produziert haben. Meist schon eine ganze Weile vorher – etwa sechs bis zwölf Monate – kündigt sich die erste Menstruation durch den sogenannten Weißfluss aus der Scheide an. Wenn dieser leichte, glasig-weißliche Ausfluss bei dir auftritt, kannst du dich auf deine Menstruation einstellen.

Der Weißfluss ist kein Grund zur Beunruhigung. Nur wenn der Ausfluss dunkler gefärbt ist, unangenehm riecht oder die Schamlippen so reizt, dass sie jucken und brennen, solltest du eine Ärztin oder einen Arzt um Rat fragen. Denn es kann sein, dass du eine Entzündung der Geschlechtsorgane hast. Das kommt auch bei jüngeren Mädchen gelegentlich vor. Bestimmt hast du das Bedürfnis,

mit jemandem über deine Entwicklung zu sprechen. Dann wendest du dich am besten an deine Mutter, denn sie kennt ja schon alles aus eigener Erfahrung. Gleichaltrige sind als »Beraterinnen« eher ungeeignet, weil sie genauso wenig Bescheid wissen wie du. Manchmal tun sie nur so als ob. Davon solltest du dich aber nicht täuschen lassen.

Der Zeitpunkt der ersten Menstruation ist bei jedem Mädchen anders. Sie kann früher oder später eintreten, langsamer oder schneller vorbeigehen. Das ist völlig normal. Selbst wenn bei einem Mädchen bis zum 15. Lebensjahr noch kein Anzeichen für die erste Blutung aufgetreten ist, muss das kein Anlass zur Sorge sein. Es kommt heute allerdings häufiger vor, dass ein Mädchen viel zu dünn ist, Hochleistungssport treibt oder intensiv Ballett tanzt und dadurch überhaupt kein Fettgewebe hat. Das wirkt sich negativ auf die Entwicklung aus. Denn im Fettgewebe werden Vorstufen der Geschlechtshormone gebildet. Die Bildung

Mädchensachen

des Östrogens ist also unter anderem auch abhängig vom Fettgewebe eines Mädchens. Zu dünn sein ist schädlich! Übrigens: Auch Rauchen wirkt sich negativ auf die Hormonbildung aus. Bei einem Mädchen, das sehr früh sehr viel raucht, kommen die Östrogene weniger zum Zuge. Dadurch kann die Regel ausbleiben. Mit Sicherheit aber wird das Knochengerüst angegriffen und kann nicht mehr repariert werden. Das kann vorzeitige Alterskrankheiten wie eine Osteoporose nach sich ziehen. Wenn dir das Warten auf die Pubertät und die erste Blutung irgendwann zu lange dauert oder wer stark beunruhigt ist, kann eine Frauenärztin oder einen Frauenarzt aufsuchen. Oft reicht schon ein Gespräch aus, um zu erfahren, dass du in aller Ruhe abwarten kannst. Es werden ja schon genügend Hormone gebildet, doch sie reichen noch nicht ganz aus, um einen Eisprung und eine Blutung auszulösen. Nur in wirklich sehr seltenen Fällen lässt die Monatsblutung aus Krankheitsgründen auf sich warten. Das sind dann aber schwere Allgemeinerkrankungen, die bereits in der Kindheit entdeckt werden. Hormonkuren helfen dir übrigens nicht, deinen Zyklus schneller in Gang zu bringen. Sie täuschen dem Körper und damit dir selbst nur vor, dass er ausgereift ist. Sie können seine Entwicklung jedoch auf keinen Fall beschleunigen. Was sie dir bieten, ist lediglich eine Art Kosmetik.

Der Monatszyklus

Das ganze Geschehen im Zyklus der Frau dreht sich um die Eizelle: In der ersten Hälfte des Zyklus reift sie heran und springt – sobald sie reif genug ist – vom Eierstock in den Eileiter. Dort wartet sie

26

Mädchensachen

auf eine mögliche Befruchtung. Die befruchtete Eizelle nistet sich dann in der Gebärmutter ein. Wenn sie unbefruchtet geblieben ist, löst sie sich auf und es kommt zur Blutung.

Die erste Zyklushälfte

Das monatliche Auf und Ab im weiblichen Zyklus wird vom Gehirn aus gesteuert: Als Erstes schickt es sein Hormon, das FSH (Follikel stimulierendes Hormon), über die Blutbahn zum Eierstock, um hier die Ausreifung der Eizellen anzuregen. In der ersten Hälfte des Zyklus reifen daraufhin im Eierstock einige Eizellen heran. Fast immer wird nur eine Eizelle reif. Warum dies so ist, weiß man noch nicht so genau. Wahrscheinlich will die Natur damit sicherstellen, dass auf jeden Fall eine Eizelle reif wird und befruchtet werden kann.

In der Hülle, die das Ei umgibt, werden währenddessen immer größere Mengen des Geschlechtshormons Östrogen gebildet. Es ist unter anderem für den Aufbau der Schleimhaut in der Gebärmutter zuständig. Sie ist gewissermaßen die »Tapete« in der Gebärmutter. Sie wird auch als »Eibett« bezeichnet. Im Laufe des Zyklus verdickt sich diese Schicht und polstert den Hohlmuskel weich aus, damit sich die Eizelle im Falle einer Schwangerschaft hier einnisten kann.

Der Eisprung

Wenn das Ei reif zum Sprung in den Eileiter ist, enthält das Blut viel Östrogen. Daran »erkennt« das Gehirn, dass es nun noch ein weiteres Hormon ausschütten muss. Das

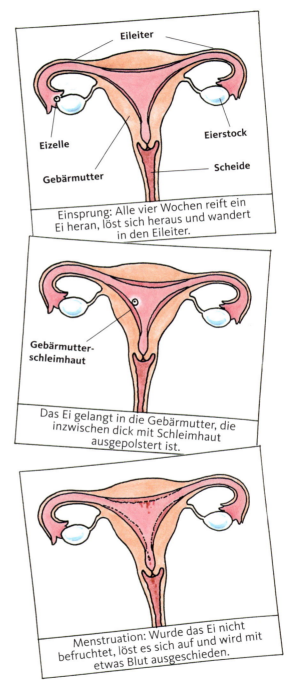

Einsprung: Alle vier Wochen reift ein Ei heran, löst sich heraus und wandert in den Eileiter.

Das Ei gelangt in die Gebärmutter, die inzwischen dick mit Schleimhaut ausgepolstert ist.

Menstruation: Wurde das Ei nicht befruchtet, löst es sich auf und wird mit etwas Blut ausgeschieden.

27

Mädchensachen

Luteinisierende Hormon, kurz LH genannt, wird erst ausgeschüttet, wenn es dieses Signal aus dem Eierstock erhalten hat. Nun »springt« die reife Eizelle aus dem Eierstock heraus und wird mit etwas Gewebsflüssigkeit in die Trichteröffnung des Eileiters gespült.

Da die beiden keine direkte Verbindung zueinander haben, stülpt sich der Eileiter etwas über den Eierstock, um die Eizelle aufzunehmen.

Viele Frauen spüren den Eisprung ganz deutlich. Er kündigt sich bereits einige Tage vorher an: Der Schleim, der normalerweise den Gebärmuttermund ganz fest verschließt, löst sich allmählich auf. Durch die Auflösung dieser »Sicherheitsschranke« wird der Durchgang für den Samen des Mannes frei gemacht. Unmittelbar während des Eisprungs ist der Schleim so dünnflüssig, dass er für die Frau als Feuchtigkeit am Scheideneingang spürbar wird.

Er ist glasklar, geruchlos und lässt sich zum Zeitpunkt des Eisprungs zu dünnen Fäden ziehen. Nach dem Eisprung wird er wieder milchiger und zieht keine Fäden mehr (im Kapitel über die Verhütungsmittel ist mehr darüber zu lesen).

Manche Frauen haben außerdem ein deutliches Ziehen im Unterleib, wenn das Ei vom Eierstock in den Eileiter springt. Dieses Ziehen nennt man Mittelschmerz. Es tritt meist auf der Seite auf, auf der

Mädchensachen

das Ei herangewachsen ist und sich nun auf den Weg in die Gebärmutter macht. Hin und wieder kommt es in dieser Zeit auch zu einer ganz leichten Blutung. Mit einiger Erfahrung kann eine Frau einschätzen, an welchem Punkt in ihrem Zyklus sie sich befindet oder ob sie einen Eisprung hatte oder nicht.

Die Reise der Eizelle durch den Eileiter in die Gebärmutter dauert etwa vier Tage. Auf diesem Weg kann sie von einer Samenzelle befruchtet werden. Die Samenzellen können hier bis zu sieben Tage lang auf die Ankunft einer Eizelle warten.

Während die Eizelle wandert, bildet die im Eierstock verbliebene Eihülle ein weiteres Hormon: das Progesteron, das wegen seiner gelben Farbe der Eihülle auch Gelbkörperhormon heißt. Dieses Hormon hat ebenfalls eine Vielzahl von Aufgaben. Vor allem soll es verhindern, dass sich die Gebärmutter zusammenzieht – wie etwa bei der Blutung – und damit möglicherweise ein befruchtetes Ei ausstößt.

Ist die Eizelle befruchtet worden, verhindert das Hormon, dass es wieder aus der Gebärmutter hinausbefördert wird. Man nennt es deshalb auch »schwangerschaftsbeschützendes Hormon«. Außerdem sorgt es im Fall einer Schwangerschaft dafür, dass die Gebärmutter gut durchblutet und mit Nährstoffen versorgt wird.

Kommt es nicht zur Schwangerschaft, bremst das Progesteron den Aufbau der Gebärmutterschleimhaut. Die kleine Eitasche bildet sich zurück und schüttet allmählich kein Progesteron mehr aus. Der Zyklus neigt sich dem Ende zu.

Die Blutung

Innerhalb der nächsten zehn bis vierzehn Tage nach dem Eisprung setzt die Blutung ein. Die dick ausgepolsterte Schleimhaut in der Gebärmutter bricht auf und wird in kleinen Teilchen abgeblutet. Die Menstruationsflüssigkeit besteht also keineswegs nur aus Blut, sondern zur Hälfte aus Schleim und Schleimhautteilchen. Deshalb ist sie auch nicht blutrot, sondern eher etwas bräunlich.

Die Muskeln der Gebärmutter ziehen sich während der Regel leicht zusammen, um das Abstoßen der obersten Schleimhautschicht zu erleichtern.

Eine Blutung kann durchschnittlich vier bis sechs Tage dauern. Bei manchen Mädchen und Frauen dauert sie länger, bei anderen ist sie kürzer.

Mädchensachen

Etwa 60 bis 80 Milliliter Menstruationsflüssigkeit werden in dieser Zeit ausgeschieden. Das entspricht in etwa der Hälfte einer Kaffeetasse. Den meisten Frauen kommt es viel mehr vor. Das wird dir wahrscheinlich auch so gehen. Doch denk einmal dran, wie das ist, wenn du von einem Getränk etwas auf der Tischdecke verschüttest: Der Fleck ist riesengroß, doch aus Glas oder Tasse ist kaum Flüssigkeit verschwunden.

Die verlorene Blutmenge wird vom Körper rasch ersetzt. Der erste Tag der Blutung ist gleichzeitig auch der erste Tag des neuen Zyklus. Die Menstruation ist zu Ende, wenn die oberste Schicht der Gebärmutter völlig abgelöst und ausgeschieden ist. Im Eierstock wird nun wieder mehr Östrogen gebildet, und der Regelkreis beginnt von vorn.

Wie regelmäßig muss die Regel sein?

Bei den meisten Mädchen kommt es nach der ersten Menstruation nicht immer zu einem Eisprung. Die Zeiträume zwischen den Blutungen können noch stark schwanken. Auch kann die Regelblutung gelegentlich stark und schmerzhaft sein. Denn es dauert eine ganze

Weile, bis sich der persönliche Rhythmus eingependelt hat. Meist ist dies nach ein bis zwei Jahren der Fall. Dann wird deine Regel wirklich zur Regel.

Nicht jeder Zyklus dauert 28 Tage. Bei fast allen Frauen ist der Zyklus länger oder kürzer. Die Länge des Zyklus ist also von Frau zu Frau verschieden und auch bei der einzelnen Frau von Mal zu Mal unterschiedlich. Das ist völlig normal. Mach dir also keine Sorgen, wenn dein Zyklus anders verläuft. Am besten beobachtest du das bei dir mal eine Weile, indem du dir einen Menstruationskalender anlegst. So bekommst du ziemlich schnell heraus, wie dein Rhythmus tickt. Da sich die Länge und der Verlauf eines Zyklus auch danach richten, wie gut es dir geht, erfährst du bei der Selbstbeobachtung auch, wie deine Stimmung deinen Zyklus und deine Monatsblutung beeinflussen kann.

Mädchensachen

Das Mädchen

- Der Körper wächst.
- Das Gesicht verändert sich.
- Die Achselhaare wachsen.
- Die Brüste beginnen zu wachsen.
- Die Brustwarzen werden größer und meist dunkler.
- Die Hüften werden breiter.
- Die Schamhaare wachsen.
- Die Eierstöcke vergrößern sich, Eizellen reifen heran.
- Die Periode setzt ein.

Hormonbildung der Frau

Der hormonelle Regelkreislauf der Frau wiederholt sich von der Pubertät bis zu den Wechseljahren in etwa immer ähnlichen Abständen.

Er wird von der Hirnanhangdrüse (A) (Hypophyse) gesteuert. Sie bildet die Hormone FSH und LH, die sie über das Blut zum Eierstock schickt.

In den Eierstöcken (B) werden auf Befehl vom Gehirn die Geschlechtshormone Östrogen und Gestagen gebildet. Sie regen die Eireifung an und beeinflussen auch andere Körperteile, zum Beispiel die Brust.

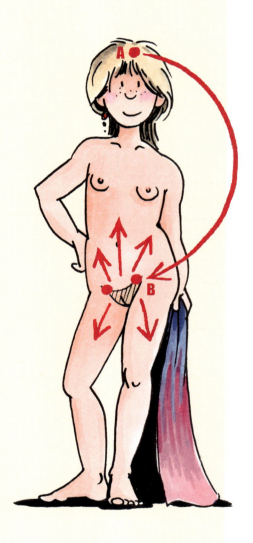

Mädchensachen

Monatliche Begleiterscheinungen

Das Befinden ändert sich im Laufe des Zyklus mehrmals, das stellen die meisten Mädchen und Frauen fest. Sie bemerken nicht nur körperliche Veränderungen, sondern auch Stimmungsschwankungen. Insbesondere in der zweiten Hälfte des Zyklus können die Brüste unter dem Einfluss der Hormone schwerer werden und spannen. Das wirst du aber wahrscheinlich erst im Laufe der Jahre feststellen. Manchmal lagert sich auch Gewebsflüssigkeit ein und verstärkt den Druck auf das Gewebe. Manche Frauen fühlen sich vor der Regel aufgeschwemmt und aufgeblasen. Sie stellen häufig fest, dass sie etwas zugenommen haben.

Schmerzen bereitet die Monatsblutung normalerweise nicht. Viele Frauen spüren allenfalls ein leichtes Ziehen in der Gebärmutter. Dies ist auf das Zusammenziehen der Muskeln in der Gebärmutter zurückzuführen, mit dem die Schleimhaut abgestoßen wird. Vor allem Wärme wird in dieser Zeit von vielen als sehr angenehm empfunden. Eine warme Dusche oder eine Wärmflasche auf dem Bauch wirken Wunder bei starkem Unterleibsziehen. Die Wärme wirkt wie ein Schmerzmittel, das belegen neueste Forschungsergebnisse. Auch Massagen oder Kräutertees können dir Linderung verschaffen.

Wenn du sehr starke Blutungen hast, solltest du allerdings während der Regel auf Wärmeanwendungen, Sauna und Wannenbäder verzichten. Denn das verstärkt die Blutung. Allerdings dauert sie dann auch weniger lang, weil in kürzerer Zeit mehr Blut ausgeschieden wird.

Einige Frauen haben so starke Schmerzen, dass sie gern etwas mehr dagegen unternehmen möchten. Vor allem in der Pubertät können die Blutungen heftig und ungewohnt sein. An der Entstehung des Schmerzes ist ein weiteres Hormon beteiligt, das Prostaglandin. Es regt das rhythmische und manchmal kräftige Zusammenziehen der Gebärmutter an. Nimmst du sonst keinerlei Medikamente ein, spricht nichts dagegen, bei Regelbeschwerden einmal zu einem leichten Schmerzmittel zu greifen. Am besten lässt du dich ärztlich beraten, was du einnehmen kannst.

Menstruation und Wohlbefinden

Viele Frauen leiden vor der Menstruation unter Niedergeschlagenheit und einem Spannungsgefühl in den Brüsten. Diese Beschwerden werden als »Prämenstruelles Syndrom« (PMS) bezeichnet.

Mädchensachen

Sie verschwinden, sobald die Blutung einsetzt. Für Frauen, die mit sich selbst zufrieden sind und ihren Körper gut leiden können, kann die bevorstehende Blutung etwas Positives und Weibliches sein. Sie schöpfen Kraft aus diesem Gefühl, sind vor und während der Regel besonders leistungsstark, fröhlich und aktiv. Auch die Lust auf Sex und Liebe ist kurz vor und während der Blutung oft stärker als zu anderen Zeiten.
Der Zyklus und die Blutung haben bei vielen Frauen einen schlechteren Ruf, als sie es verdienen. Das liegt mit Sicherheit an der negativen Einstellung, die viele Frauen zu ihrem Zyklus haben. Schon immer gab es die merkwürdigsten Geschichten rund um die Blutung. Früher dachte man, Frauen wären von Natur aus krank, weil sie regelmäßig bluten. Dann wieder hielt man sie für unrein und verbot den Männern den Kontakt mit Frauen, die ihre Regel hatten oder bei denen sie gerade erst vorbei war. Außerdem war auch das Gerücht verbreitet, Frauen seien in dieser Zeit besonders launisch und unberechenbar.
Durch die Einschränkungen, die Frauen wegen ihres Geschlechts und der Blutung auferlegt wurden, wurden sie für

Jahrhunderte völlig vom öffentlichen Leben ausgeschlossen. Sie hatten keine Gelegenheit, sich gleichberechtigt am politischen, wirtschaftlichen und gesellschaftlichen Geschehen zu beteiligen. Sie konnten keinen Beruf ausüben und waren an Heim und Herd gefesselt.

SAGT BESCHEID, WENN'S VORBEI IST!

Mädchensachen

In manchen Köpfen geisterten absurde Vorstellungen herum, wie die, dass Kuchen nicht aufgeht oder Mayonnaise und Milch sauer werden, wenn eine Frau während ihrer Regel damit in Kontakt kommt.

Das hört sich für uns heute undenkbar an und ist für die meisten Mädchen und Frauen glücklicherweise kein Thema mehr. Dennoch übernehmen viele junge Mädchen von ihrer Familie und vor allem von der Werbung für Menstruationshygiene leider immer noch eine negative Einstellung zu ihrer Weiblichkeit. Es wird so getan, als sei die Menstruation ein Makel.

In anderen Kulturen ist das nicht so: Von den Apachen und anderen Indianerstämmen weiß man, dass die erste Blutung des Mädchens und damit ihr Eintritt ins Frausein mit einem großen Fest gefeiert wird. Die Mädchen des Makololo-Stammes in Simbabwe erhalten bei der ersten Blutung einen neuen Namen und dürfen sieben Abende lang mit ihren Freundinnen tanzen und feiern.

Das ist doch mal eine richtig gute Idee auch für dich und deine Freundinnen – ein Party zur ersten Blutung! Du kannst wie jedes Mädchen stolz darauf sein, dass du erwachsen wirst und zum ersten Mal deine Regel bekommst.

Jungensachen

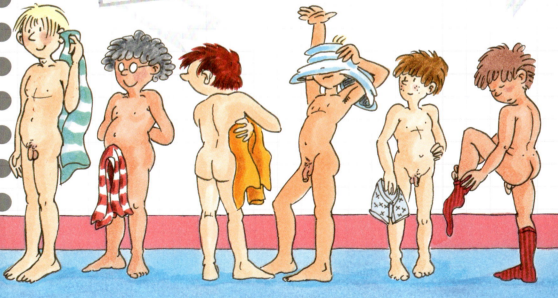

Jungensachen

Bei den Jungen werden allmählich mehr männliche Hormone gebildet, wenn sich die Kindheit ihrem Ende nähert.
Durch diesen Hormonschub wird irgendwann die Pubertät ausgelöst, etwa um

das 10. Lebensjahr herum. Das kann bei jedem Jungen anders sein. Jungen kommen etwa anderthalb Jahre später in die Pubertät als Mädchen. Warum das so ist, weiß man bis heute nicht. Dass sich der Körper auf die Pubertät vorbereitet, ist äußerlich erst einmal nicht zu erkennen. Doch mit etwa 11 bis 12 Jahren wirst du wahrscheinlich selbst als Erster die sichtbaren Veränderungen bemerken – etwa, dass deine Hoden etwas gewachsen sind. Ungefähr ein Jahr später beginnt auch dein Glied zu wachsen.
Durch die verstärkte Hormonbildung verändert sich auch deine Stimme.
Die Stimmbänder wachsen und deine Stimmlage wird tiefer. Durch den sogenannten Stimmbruch wandelt sich die kindlich hohe Stimme zur männlich rauen. Das geht meist nicht ohne ein paar Kiekser zwischendurch. Erwachsene finden das häufig »süß« oder belächeln es milde. Nimm es ruhig als Kompliment und freu dich darüber, dass du nun langsam erwachsen wirst.

Nimm es einfach gelassen, denn es dient ja einem »guten Zweck«: deiner neuen, tieferen Männerstimme.
Früher hat man übrigens mancherorts Jungen, die besonders schöne Singstimmen hatten, die Hoden abgeschnitten, um zu verhindern, dass die männlichen Hormone ihre hohen Sopranstimmen »ruinierten«. Das hatte schlimme Folgen für die heranwachsenden Sänger: Ihnen fehlten die Hormondrüsen und sie konnten körperlich nicht zum Mann reifen. Man bezeichnete sie als »Eunuchen«. Glücklicherweise gehört dies schon lange der Geschichte an.

Wie sich deine Geschlechtsorgane entwickeln

Ein Junge kommt mit allen Anlagen auf die Welt, die er später zum Mannsein braucht. So sind die Geschlechtsorgane schon bei der Geburt da. Sie müssen später nur noch wachsen.

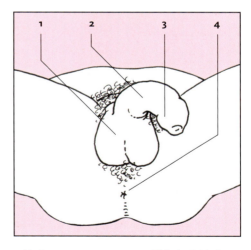

1 Hoden
2 Gliedschaft
3 Eichel mit Vorhaut
4 Darmausgang

Jungensachen

Die männlichen Geschlechtsorgane bestehen aus dem Glied und den Hoden. Diese liegen geschützt im Hodensack außerhalb des Körpers zwischen den Beinen. In ihnen befinden sich auch Samenleiter, Samenblasen, Prostata und andere Drüsen.

Das Glied

Das Glied ist geformt wie ein Rohr und besteht aus drei sogenannten Schwellkörpersträngen. Sie bilden den Schaft des Gliedes und füllen sich bei sexueller Erregung verstärkt mit Blut. Dadurch richtet sich das normalerweise weiche und kleine Glied auf, wird härter und größer. Du hast dann fast das Gefühl, als befände sich ein Knochen darin.
Das steife Glied kann beim Geschlechtsverkehr in die Scheide der Frau eingeführt werden. Durch eine Art »Schleusensystem« bleibt das Blut in den Schwellkörpern, bis die Erregung abgeklungen ist. So lange bleibt das Glied steif. Zwei getrennte Blutkreisläufe sorgen dafür, dass das steife Glied mit Sauerstoff versorgt wird: Der eine versteift das Glied, der andere ist für die Nährstoff- und Sauerstoffversorgung zuständig.
Die Spitze des Gliedes (obwohl sie ja eigentlich eher rund ist) bildet die Eichel. Sie sieht aus wie die Hälfte der Eicheln, die im Herbst von den Eichen fallen. Die Eichel wird von der Vorhaut geschützt. Diese wird auf einer Seite von einem feinen Bändchen festgehalten. Die Eichel ist der sexuell empfindsamste Körperteil des Mannes. In ihr befinden sich nämlich viele Nervenenden, die ganz besonders lustvoll und sensibel reagieren.

Die Eichel ist das Gegenstück zum Kitzler der Frau, der sich bei sexueller Erregung ebenfalls mit Blut füllt und ganz prall wird.
Solange das Glied nicht steif ist, legt sich die Vorhaut über die Eichel. Das weißt du ja auch vom Waschen. Wenn du dich gründlich reinigst, musst du die Vorhaut zurückschieben, um dich auch darunter zu waschen. Um auf der Toilette treffsicher zu sein und nicht allzu viel Urin neben das Toilettenbecken zu verspritzen, solltest du die Vorhaut ebenfalls zurückschieben. Wenn du dich im Normalfall beim Harnlassen hinsetzt, ist das ohnehin eine hygienischere Angelegenheit. Dann müssen nämlich nicht andere Menschen die Folgen des »Gießkannenprinzips« beseitigen.

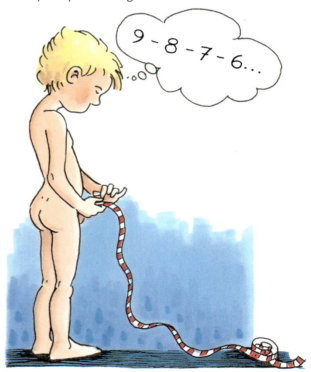

Jungensachen

Im Glied verläuft die Harnröhre. Durch sie fließen sowohl der Urin als auch die Samenflüssigkeit – allerdings nie zur gleichen Zeit. Die Harnröhre des Mannes ist reich an Drüsen. Sie sondern Sekrete ab, um die Harnröhre feucht und gesund zu halten.

Die Hoden

Die beiden eiförmigen Hoden liegen im Hodensack zwischen den Beinen. Sie werden von feinen Nerven und Blutgefäßen durchzogen. Der linke Hoden ist normalerweise etwas größer und hängt etwas tiefer. Nur an einer einzigen Stelle haben die Hoden eine feste Verbindung zum Körper: Am hinteren Teil führt die Versorgungsleitung mit Blutgefäßen, Nervenbahnen und Samensträngen von der Bauchhöhle in die Hoden hinein. Die Haut der Hoden ist etwas dunkler als die übrige Haut. Sie ist außerordentlich faltenreich, sehr widerstandsfähig und äußerst sensibel. Jeder Junge weiß, wie empfindlich die Hoden sind – etwa wenn sie gekniffen, geschlagen oder getreten werden. Das hast du sicher selbst schon beim Fußball oder beim Raufen erlebt. Die Hoden reagieren aber auch auf zarte Berührung sehr empfindsam und lustvoll.

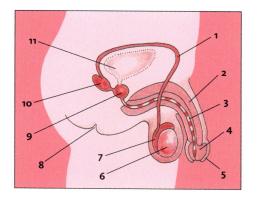

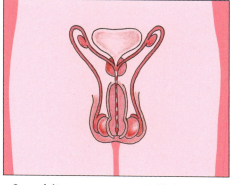

1 Samenleiter
2 Gliedschaft mit Schwellkörpern
3 Harnröhre
4 Eichel
5 Vorhaut
6 Hoden
7 Nebenhoden
8 After
9 Vorsteherdrüse
10 Samenbläschen
11 Harnblase

Die Hoden liegen außerhalb der Bauchhöhle, weil sie eine niedrigere Temperatur brauchen als die übrigen Organe. Denn die Körpertemperatur wäre zu hoch für die Samenbildung. Die Temperatur wird zusätzlich über die Hautfalten reguliert. Sind die Hoden entspannt und haben die richtige Wärme, hängen sie tiefer als sonst herunter. Wird es zu warm, entfernen sie sich noch weiter

Jungensachen

vom Körper. Ist es kalt, ziehen sie sich dagegen zusammen und rücken dichter an den Körper heran. Das tun sie übrigens auch bei Angst. Auch das hast du bestimmt schon an dir selbst beobachtet, zum Beispiel beim Baden in kaltem Wasser.
Im Inneren der Hoden winden sich die aufgeknäuelten Samenkanälchen. Sie gehen alle ineinander über und sind insgesamt fast 300 Meter lang. In diesen Gängen werden von der Pubertät an die Samen gebildet. Dazu wird das männliche Geschlechtshormon Testosteron benötigt, das in den Hodenzwischenzellen gebildet wird. Sie reifen ebenfalls erst in der Pubertät richtig aus. Haben sie ihre Arbeit aufgenommen, kann auch ein Junge schon Vater werden – also auch du.
Zu jedem der beiden Hoden gehört ein Nebenhoden. Das sind ausgedehnte, stark gewundene Schläuche. Sie liegen wie eine Mondsichel hinter dem Hoden. Der Nebenhoden spielt bei der Entwicklung der Samen ebenfalls eine wichtige Rolle. Außerdem dient er als Samenspeicher. Die Samenleiter führen von den Hoden zur Harnröhre. Sie können sich rhythmisch zusammenziehen und dadurch die Samen vorwärts schieben. An den Samenleitern sitzen viele kleine Bläschendrüsen, die die Hauptmenge der Samenflüssigkeit produzieren. Diese Flüssigkeiten werden hier mit den Samenfäden vermischt.
Sie haben alle bestimmte Eigenschaften, die für die Beweglichkeit und den Stoffwechsel der Samen wichtig sind. Die Samenleiter münden in die Vorsteherdrüse. Diese heißt so, weil sie sich direkt vor der Harnröhre befindet. Sie besteht aus vielen kleineren Drüsen, die ebenfalls ihren Teil zur Samenflüssigkeit beisteuern.

Hormoneller Kreislauf

All diese Abläufe werden vom Gehirn gesteuert. Deswegen sagt man im Scherz auch oft, das wichtigste Sexualorgan des Mannes sei der Kopf. Hier sitzt die Zentrale für Sexualität und Fruchtbarkeit.

In der Hirnanhangdrüse, der Hypophyse, werden die Hormone FSH und LH gebildet. Sie gelangen über das Blut zu den Geschlechtsorganen. Dort setzen sie die Ausschüttung der Geschlechtshormone in Gang.
Die gesamte Gruppe der männlichen Geschlechtshormone wird Androgene genannt. Das Testosteron ist ihr wichtigster Vertreter. Es hat viele wichtige Aufgaben: Unter anderem regt es die Zellen in den Hoden an, Samen zu bilden. Unter dem Einfluss des Testosterons wachsen in der Pubertät die Geschlechtsorgane.
Auch das Wachstum des Bartes, der Schamhaare, der Haare auf dem Körper und der Stimmbruch gehören dazu. Weil das Hormon auch den Kehlkopf zum Wachsen anregt, nimmt auch sein

Jungensachen

Der Junge

- erfährt einen ordentlichen Wachstumsschub.
- Das Gesicht verändert sich.
- Die Barthaare beginnen zu sprießen.
- Die Stimme wird nach einer Übergangszeit tiefer.
- Die Schultern und Brust werden breiter.
- Arme und Beine werden behaarter.
- Die Achselhaare wachsen.
- Die Schamhaare wachsen.
- Penis und Hoden vergrößern sich.
- In den Hoden werden die männlichen Samenzellen erzeugt – die Spermien.

Hormonbildung des Mannes

Die Samenbildung findet beim Mann von der Pubertät bis ins hohe Alter kontinuierlich statt. Einen Zyklus wie bei der Frau gibt es nicht.

Sie Samenbildung wird vom Gehirn aus gesteuert. Die Hirnanhangdrüse (A) bildet die Hormone FSH und LH und schickt sie durch das Blut zu den Hoden.

In den Hoden (B) wird nun das Testosteron gebildet, das die Samenproduktion auslöst. Testosteron wird aber auch an andere Körperstellen geschickt und beeinflusst zum Beispiel den Haarwuchs.

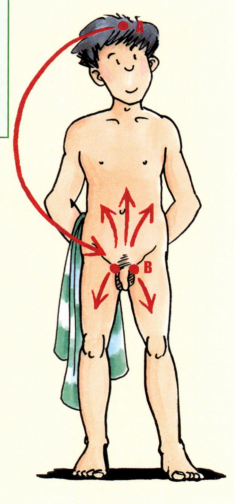

Jungensachen

Volumen zu, und im Zusammenspiel mit den Stimmbändern wird deine Stimme allmählich immer tiefer.
Das Testosteron fördert aber auch das Knochenwachstum und formt das männliche Skelett mit den breiten Schultern und dem schmalen Becken. Auch die Muskeln werden durch das Hormon ausgebildet. Und du hast ihm vielleicht ebenfalls einen Ansturm von Pickeln zu verdanken, die vor allem dein Gesicht, aber auch Hals und Rücken bevölkern können, ausgelöst durch eine vermehrte Talgproduktion der Haut. Deswegen haben Männer seltener eine trockene Haut und fettigere Haare als Frauen.
Beim Mann wird in den Hoden auch etwas Östrogen produziert, allerdings in wesentlich kleineren Mengen als bei der Frau. Bei vielen Jungen kann deshalb mit etwa 12 Jahren das Brustgewebe etwas anschwellen. Sie bekommen dann für eine Weile einen kleinen Busen. Er kann spannen und jucken, was unangenehm sein kann. Aber du musst nicht beunruhigt sein. Denn sobald sich die Hormonausschüttung eingependelt hat, bildet sich die Brust wieder zurück und dein Oberkörper wird allmählich breit und männlich. Das ist meist innerhalb eines Jahres der Fall.
Nach allem, was man bis heute weiß, schütten Männer die Hormone eher in gleichbleibenden Mengen aus, während es bei der Frau mit dem Zyklus ein regelmäßig wiederkehrendes Auf und Ab gibt. Gänzlich geklärt ist allerdings nicht, ob es nicht auch bei Männern so etwas wie einen Zyklus gibt. Wenn es so wäre, würde er über mehrere Monate lang andauern, vermuten die Forscher heute.

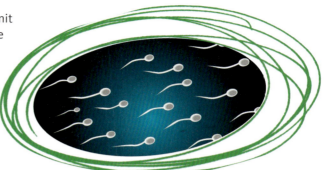

Die Samenbildung

Die Bildung der Samen in den Hoden ist ein komplizierter Vorgang. Er kann zum Beispiel durch Stress, Nikotin oder Umweltgifte gestört werden. Die Samen reifen in verschiedenen Stufen heran, die man deutlich voneinander unterscheiden kann. Erst entstehen die Spermatozyten, aus denen sich die Spermatiden und dann erst die Spermien – also die Samenzellen – entwickeln.
Ein Samenfaden ist winzig klein und hat Ähnlichkeit mit einer Kaulquappe. Er besteht aus Kopf, Mittelstück und Schwanzteil. Der Schwanz kann sich propellerartig bewegen und damit sein ganzes Vorderteil vorwärts schieben. Diese Beweglichkeit ist eine der wichtigsten

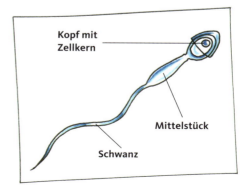

41

Jungensachen

Voraussetzungen dafür, dass sich ein Samen in der Frau zur Eizelle hinschlängeln und mit ihr verschmelzen kann.
Etwa 64 Tage – also mehr als zwei Monate – dauert es, bis aus den Vorstufen der Samen reife Samenzellen geworden

sind. Diese werden in den Nebenhoden gelagert. Während die Samenfäden 12 weitere Tage durch dieses Schlauchsystem wandern, werden sie hier richtig fit für ihren Einsatz gemacht: Erst nach dieser Reise ist ein Samen nämlich in der Lage, sich zur Eizelle zu bewegen.

Von den Nebenhoden führen die Samenleiter zur Harnröhre, die in diesem Fall eigentlich besser Samenröhre heißen sollte. Durch diesen Gang werden die Samen dann beim Orgasmus endgültig hinausbefördert. Vorher münden aber noch bestimmte Drüsen in ihn ein:
Aus der Prostata und den anderen Drüsen wird die Flüssigkeit abgesondert, in der die Samen nach draußen katapultiert werden. Sie wird Samenflüssigkeit oder Sperma genannt und hat eine ganz spezielle Zusammensetzung. Jeder einzelne Bestandteil hat nämlich eigene und wichtige Aufgaben zu erfüllen.
In den Flüssigkeiten aus den kleineren Drüsen sind Stoffe enthalten, die die noch starren Samenzellen zur Bewegung anregen. Andere wiederum schaffen den Samenzellen ein geeignetes Lebensklima und ernähren sie. Im Sperma ist sogar eine Art Treibstoff enthalten, der den Samen »Beine macht«. Denn schließlich gewinnt nur der schnellste Samen den

Jungensachen

Wettlauf um ein befruchtungsfähiges Ei. In der Frau wird das Sperma noch flüssiger, damit es besser in die Eileiter aufsteigen kann, wo die Befruchtung meist stattfindet. Die Samenflüssigkeit ist teils gallertartig wie Hühnereiweiß, teils flüssig. Sie hat einen typischen, leicht säuerlichen Geruch.

Mit dem ersten Ausstoß der Samenflüssigkeit erlebt ein Junge gleichzeitig seinen ersten Orgasmus. Und er lernt schnell, dass damit sehr angenehme, lustvolle und erleichternde Gefühle verbunden sind. Vor dem Austritt der Samenflüssigkeit schließt sich die Harnröhre zur Blase hin. So wird verhindert, dass die Samenzellen in den Körper des Mannes wandern oder zusammen mit Urin ausgestoßen werden. Der Samenerguss selbst geht stoßweise und unter einem so großen Druck ab, dass nicht selten eine Geschwindigkeit von 17 Kilometern in der Stunde erreicht wird. Die ersten Ausstöße können mehrere Meter weit geschleudert werden.

Durch einen einzigen Samenerguss werden sage und schreibe etwa 350 bis 400 Millionen Samenzellen hinausbefördert. Also rein theoretisch genug für ebenso viele Babys. Je öfter hintereinander eine Ejakulation stattfindet, umso weniger Samenzellen sind in der Samenflüssigkeit enthalten. Aber Achtung: Es sind nie so wenig, dass du nicht an die Verhütung denken musst.

Was bei Jungen sonst noch passiert

Jungen haben in der Entwicklungszeit ganz andere Probleme als Mädchen. Sie sind sexuell meist viel aktiver.

Die Beschäftigung mit sexueller Lust und erotischen Vorstellungen kann einen großen Raum einnehmen. Während sich bei Mädchen erst langsam im Laufe der Jahre ein Gefühl für ihre Sexualität entwickelt, werden Jungen oft ganz plötzlich damit konfrontiert. Schon als Kinder haben Jungen kleine Erektionen gehabt. Jetzt brechen die Erektionen durch die beginnende Hormonproduktion mit verstärkter Kraft über einen Jungen herein – und zwar oft ganz unvorhergesehen. Das kann manchmal sogar sehr unangenehm sein. Die Ursache für diese unwillkürlichen Gliedversteifungen liegt im schwankenden Hormonspiegel, der manchmal ganz plötzlich ansteigt.

Viele Jungen wachen in der Pubertät morgens mit einem steifen Glied auf. Manchmal entsteht eine Erektion auch durch den Harndrang oder durch die Reibung der Hose.

Wie die Gliedversteifung zustande kommt, weiß man noch nicht ganz genau. Auf jeden Fall ist sie ein unwillkürlicher Reflex, der vom Nervensystem gesteuert wird. Das bedeutet für jeden Mann: Eine Erektion lässt sich nicht mit Gewalt herbeidenken, herbeizaubern

Jungensachen

oder sonst wie erzwingen. Das Glied wird nach seinen ganz eigenen Gesetzen steif oder auch nicht. Reagiert es mal so, wie »sein Mann« es nicht möchte, ist das völlig normal. Weder das eine noch das andere muss dich beunruhigen. Es kann allerdings sein, dass dir die Erektion gerade ungelegen kommt. In solchen Situationen solltest du aber für dich selbst Verständnis aufbringen. Das kannst du übrigens auch von anderen erwarten. Normalerweise bekommst du aber eine Gliedversteifung durch Berührung, durch sexuelle Fantasien oder andere erotische Dinge, die dich gerade anmachen. Vor allem bei Jungen in der Geschlechtsreife neigt das Glied dazu, sich bei jedem kleinen Anlass selbstständig zu machen.

Diese gesteigerte Bereitschaft zur sexuellen Erregung lässt aber mit der Zeit nach. Generell gibt es jedoch weder zu häufige noch zu seltene Erektionen. Halt dich einfach an das Motto: Es kommt, wie es kommt. Wenn sich zu Beginn der Pubertät im Nebenhoden sehr viele Samenzellen aufgestaut haben, wirst du mit unwillkürlichen nächtlichen Samenergüssen Bekanntschaft machen. Damit befreit sich der Hoden ohne dein Zutun von dem aufgebauten Druck. Diese Samenergüsse treten ausschließlich in der Zeit der Pubertät auf. Der Volksmund sagt dazu »feuchte Träume«. Diese sexuelle Spannung führt dazu, dass Jungen im Gegensatz zu Mädchen früh die Selbstbefriedigung entdecken. Denn sie verschafft ihnen rasch Erleichterung und macht obendrein noch Spaß. Wer öfter onaniert, hat seltener »feuchte Träume«. Selbstbefriedigung ist also nicht nur unschädlich, sondern kann im Gegenteil sogar nützlich sein. Zu dieser Ansicht ist man erst in den vergangenen zwei bis drei Jahrzehnten gekommen. Früher erzählte man den Heranwachsenden, sie könnten vom Onanieren einen krum-

Jungensachen

men Rücken oder ein schrumpfendes Gehirn bekommen. Das geschah wohl, weil den Erwachsenen Selbstbefriedigung höchst peinlich war. Deshalb verbot man sie den Jugendlichen gänzlich. Die Eltern waren jedenfalls meist außer sich, wenn sie entdeckten, dass sich ihr Kind selbst befriedigt. Heute gehen sie meist stillschweigend und verständnisvoll darüber hinweg.

Lauter Superstars

Jungen messen sich nun auch verstärkt an ihren gleichaltrigen Geschlechtsgenossen. Vor allem die Größe des Gliedes wird häufig untereinander verglichen. Wer »den Größten« hat, glaubt, dass er auch der Superstar ist. Die größte Sorge vieler Jungen scheint es deshalb zu sein, dass ihr Glied nicht groß genug ist.

Das liegt an einem Vorurteil, das viele Menschen haben: Ein großer Penis sei besonders männlich, ein kleiner dagegen ein Zeichen von Schwäche. Das ist Unsinn. Außerdem macht die Natur Größenunterschiede im entscheidenden Moment wieder wett: Der steife Penis ist bei den meisten Männern etwa 10 bis 15 Zentimeter lang. Egal, wie groß oder

wie klein er sonst ist. Die Länge der weiblichen Scheide entspricht dieser Größe in etwa.

Manche Jungen protzen mit ihrer sexuellen Erfahrung und Potenz. Diese Kraftmeierei muss dich nicht beunruhigen. Die anderen Jungen wissen und können auch nicht mehr als du. Sie fühlen sich in dieser Entwicklungsphase genauso in einem Ausnahmezustand wie du. Auf dem Weg zum Mann sein gehören Leistungsvergleiche und Konkurrenzkämpfe dazu. Das ist völlig normal. Doch da Jungen in diesem Alter dazu neigen, über das Ziel hinauszuschießen, kann das manchmal auch gefährlich werden. Du musst deshalb auch nicht alles mitmachen, was

Jungensachen

die anderen tun. Du bist und wirst nicht weniger männlich, wenn dir sinnlose Mutproben, Pinkelwettbewerbe oder gemeinschaftliches Onanieren keinen Spaß machen. Wenn du dazu keine Lust hast, es dir zu viel abverlangt oder mit einem hohen Risiko verbunden ist, dann lass es einfach.

Generell sind Jungen ebenso wie Mädchen in dieser Entwicklungsphase oft unsicher. Schon rein körperlich sehen sie anfangs auch oft etwas unausgewogen aus. An einem noch eher kindlichen Körper wachsen die Arme und Beine besonders schnell, auf der Oberlippe prangt ein Fläumchen, auf der Haut blüht die Akne und die Gesichtszüge sind noch unausgereift. Da ist es mit einem gesunden Selbstvertrauen oft auch nicht so weit her. Das musst du dir wahrscheinlich erst mühsam erarbeiten. Dabei wird dich deine Familie sicher unterstützen. Sie hat auch Verständnis, wenn dir in dieser Zeit einmal nicht zum Lachen zumute ist. Jungen müssen nicht immer nur gut drauf sein. Du wirst wahrscheinlich auch von bislang nicht gekannten Gefühlsumschwüngen heimgesucht.

Das hast du ebenfalls deinen neu erwachten Hormonen zu verdanken. Beruhigend: Auch dieses manchmal nervige Auf und Ab ist nicht von Dauer. Am Ende wirst du erwachsen sein. Und das ist gut so, oder!?

Wird alles anders?

Wird alles anders?

Die Pubertät ist eine aufregende und intensive Zeit. Nie wieder im späteren Leben gibt es so viele Dinge zu entdecken, zu erkunden und sich so bewusst über die eigenen Fortschritte zu freuen. Nicht nur, dass du jetzt die eigene Sexualität und die Lust daran richtig entdeckst. Auch deine wachsende Eigenständigkeit erlebst du jetzt ganz hautnah. Die Pubertät ist eine wunderbare Zeit, in der du dein Leben ausprobieren und auskosten kannst und dennoch nicht für alles gleich die volle Verantwortung übernehmen musst.

Doch natürlich bringen Veränderung, Übergang und Umstellung auch Krisen mit sich. Das ist normal und wird dir auch später immer wieder begegnen. Wenn du bereits in der Pubertät bist, weißt du es von dir selbst. Wenn nicht, hast du es bestimmt schon bei anderen erlebt, vielleicht bei Geschwistern oder in der Schule. Alle Menschen müssen durch diesen Prozess hindurch.

Irrungen, Wirrungen

Am meisten wird dir zu schaffen machen, dass dich plötzlich Empfindungen überfallen, die dir bislang unbekannt waren. Unerklärliche Gefühlsumschwünge machen dir zu schaffen und oft weißt du gar nicht, was eigentlich mit dir los ist. Du bist jetzt manchmal gereizt und launisch, fragst dich, wer du überhaupt bist und was das alles für einen Sinn hat. An anderen Tagen sprühst du vor Unternehmungslust und möchtest am liebsten überall herumtoben. Im Grunde ist das ein völlig normaler Zustand. Alle Menschen sind mal besser und mal schlechter gelaunt. Eltern und Lehrer beispielsweise sind ja auch nicht immer ausgeglichen.

Wird alles anders?

In der Pubertät sind die Stimmungen und Gefühle jedoch gelegentlich sehr extrem. Und damit musst du dich nun auseinandersetzen, und zwar über große Strecken auch allein. Das ist für dich vielleicht noch völlig neu. Deshalb erfordert es viel Kraft von dir. Aber wenn du weißt, dass dies bei anderen genauso ist, wirst du dich wahrscheinlich nicht ganz so allein fühlen.

Während der Pubertät wird jeder Mensch aus seinem gewohnten Leben herausgerissen. Das Leben schwankt nun zwischen Überforderung und Unterforderung, zwischen Lust und Laune, zwischen Teddybär und Schminke, zwischen Eisenbahn und Sexprotzerei, zwischen Gehorsam und Protest, zwischen anödendem Alltag und hinreißenden Neuigkeiten.

Wer bin ich eigentlich?

Das sind die Fragen, die dich jetzt wahrscheinlich am meisten bewegen:
- Wer bin ich?
- Wie bin ich?
- Was fühle ich?
- Wie soll ich werden?
- Was will ich alles tun und erreichen?
- Welches sind meine großen Träume?

Manchmal wirst du das Gefühl haben, wie in einem Film zu leben, in dem du dir selbst zuschaust, und du musst dich kneifen, um dich wieder auf den Boden der Wirklichkeit zurückzuholen. Auf jeden Fall guckst du bestimmt so manches Mal in den Spiegel und denkst, dass dich da ein völlig fremder Mensch anschaut. Das ergeht in der Pubertät allen so. Zum einen veränderst du dich ja tatsächlich schon rein äußerlich ganz gewaltig. Zum anderen trittst du in diesem Alter gewissermaßen »aus dem Nebel der Kindheit« heraus. Während du dich bislang völlig mit deinen Eltern identifiziert hast, beginnst du nun, dich zum ersten Mal als Einzelwesen zu sehen. Mehr und mehr

wirst du auch zu anderen Schlüssen und einer Meinung kommen, die von der deiner Eltern abweicht. Aber das »Abenteuer Erwachsenwerden« ist natürlich auch mit einer Portion Ungewissheit und

Wird alles anders?

Zweifel verbunden. Denn du siehst ja den Pfad noch nicht, auf dem du dich durchs Leben schlagen wirst.

Das ganze Leben ist ein stetiger Entwicklungsprozess. Doch in der Pubertät machst du die entscheidendsten Schritte in der Persönlichkeitsentwicklung durch. Für dich selbst ist es schwer zu erahnen, was für ein Mensch du am Ende dieses Entwicklungsprozesses sein wirst, was dir wichtig sein wird, was du gut finden, was du ablehnen und wie du leben wirst.

Das ist übrigens auch für alle anderen Beteiligten – vor allem für deine Eltern – sehr schwer einzuschätzen. Denn zunächst einmal wirst du alles Mögliche ausprobieren wollen, bevor du dich endgültig festlegst. Dabei bist du sicher oft stur, schlecht gelaunt und unbelehrbar. Außerdem neigen Heranwachsende oft dazu, sich zu überschätzen und riskante Situationen nicht richtig einzuschätzen.

Deswegen tun sich auch die Erwachsenen manchmal schwer mit dir in dieser Zeit. Sie möchten dich vor allem vor schlechten Erfahrungen bewahren. Dafür solltest du Verständnis haben.

Alles verändert sich

Je mehr du körperlich und geistig reifst, desto unabhängiger möchtest du verständlicherweise auch sein. Du möchtest mehr und mehr Verantwortung für dich selbst übernehmen. Schon auch deshalb, weil du nun nicht mehr alles akzeptieren willst, was deine Eltern für dich entscheiden. Womöglich denkst du manchmal, sie hätten sich verändert. Das stimmt aber nicht. Sie sind bestimmt so wie immer. Dir erscheinen sie jetzt nur anders, weil du deinen Abstand zu ihnen schrittweise vergrößerst. Man sagt immer, je größer der Abstand ist, desto mehr kann man vom Ganzen erkennen.

Wird alles anders?

Zu fast allen Dingen des Lebens verändert sich jetzt allmählich deine Einstellung. Das, was du vorher cool, richtig und normal gefunden hast, kommt dir jetzt wahrscheinlich häufig falsch und rückständig vor. In der Kindheit vertraut ein Kind seinen Eltern blind. Es übernimmt alles, was sie erzählen. Nun wirst du langsam erkennen, dass sie auch »nur« Menschen sind, mit Stärken und Schwächen. Vielleicht hast du manchmal sogar das Gefühl, du hättest sie noch nie vorher reden hören. Du wirst dich dabei ertappen, dass du ihre Meinungen dumm und zum Ärgern findest. In Ruhe betrachtet, sind ihre Ansichten aber gar nicht so falsch und meist durchaus berechtigt. Und ganz häufig sagen sie gar nichts anderes als früher. Nur ist dir das nie so bewusst geworden wie jetzt.

Da sich die Eltern meist nicht so schnell daran gewöhnen können, dass du nun erwachsen wirst, werden sie dich oft noch wie ein Kind behandeln. Du hast dann das Gefühl, sie mischen sich in alles ein. Aber vieles musst du ja auch erst einmal lernen, bevor du es richtig kannst und es ernst wird. Da ist es wirklich beruhigend, wenn du bei deinen Eltern Geborgenheit und Rückhalt findest.
Du kannst dich immer noch mit ihnen beraten und ihnen auch immer wieder mal die Verantwortung überlassen. Die meisten Jugendlichen haben heute im Prinzip ja auch ein sehr gutes Verhältnis zu ihren Eltern.

Manche junge Menschen haben aber leider Eltern, die selbst nicht ganz einfach sind oder die möglicherweise Kummer haben wie Scheidung, Krankheit oder Arbeitslosigkeit. Mit ihnen kann es in dieser Zeit besonders schwierig werden. Gerade wenn ihr Kind älter und erwachsener wird, gibt es dann oft nur noch Krach in der Familie. Wenn du selbst besonders problematische Eltern hast, willst du dann vielleicht nicht mehr mit ihnen unter einem Dach leben und die ständigen Reibereien mitmachen. Doch bis zu einem gewissen Alter hast du keine andere Wahl, als dich mit den Erwachsenen zu arrangieren. Da du aber

ohnehin lernen musst, im Leben mit ganz unterschiedlichen Menschen klarzukommen, hat dies auch positive Seiten. Im Gegensatz zu anderen hast du dann vielleicht schon gelernt, gelassener mit brenzligen Situationen umzugehen. Wenn du dich bemühst, cool zu bleiben und unnötigen Streit zu vermeiden, hast du mehr Ruhe und ziehst ganz gewiss nur selten den Kürzeren.

Die meisten Eltern lieben es, um Rat gefragt zu werden. Auf die diplomatische Tour lässt sich vielleicht manches gemeinsam mit ihnen so entscheiden, wie du es dir wünschst. Bestimmt ist es nicht ganz und gar aussichtslos, mit ihnen wirklich offen zu reden. Jedenfalls wirst du mit der rücksichtsvollen und

Wird alles anders?

kameradschaftlichen Linie auf Dauer sicher besser fahren. Denn auch deine Eltern sind Menschen, die geliebt werden wollen.

Man muss sich die Situation auch einmal andersherum vorstellen: Bis jetzt wollten die Eltern nicht nur für ihr Kind alles entscheiden, organisieren und planen. Sie waren auch dazu verpflichtet. Nun »dürfen« sie das deiner Ansicht nach plötzlich nicht mehr. Dabei haben sie nach wie vor aufgrund ihres Alters und ihrer Erfahrung ganz bestimmt in vielen Dingen den besseren Überblick als du. Sicher fällt es ihnen oft einfach schwer sich umzustellen und ihr Kind selbstständig handeln zu lassen.

Wenn du mit deinen Eltern jedoch überhaupt nicht mehr auskommst, solltest du dir zuliebe Umsicht walten lassen und nicht auf eigene Faust Entscheidungen treffen. Egal, wie alt man ist: Es ist immer besser, sich bei schwierigen Dingen beraten zu lassen und nichts zu überstürzen. Jugendliche mit sehr schwierigen Eltern suchen sich am besten einen erwachsenen Ratgeber, eine ältere Schwester oder einen älteren Bruder, eine Tante, einen Onkel, einen Lehrer oder eine Lehrerin, die Eltern von Schulkameraden oder Freunden oder Angehörige einer Beratungsstelle (Adressen findest du ab der Seite 123). Bei den Beratungsstellen erhältst du kostenlos und schnell Rat und Hilfe. Deine Ansprechpartner dort haben meist viel Erfahrung mit solchen Situationen und lassen sich nicht von Vorurteilen leiten, nur weil du noch minderjährig bist. Und vor allem sind sie zum Stillschweigen verpflichtet.

Auch Eltern haben ihre Probleme

Besonders schwierig wird es für Kinder und Jugendliche in der Familie immer dann, wenn sich die Eltern gar nicht mehr verstehen. Wahrscheinlich hat jedes Elternpaar mal Unstimmigkeiten miteinander. So wie jedes Kind mal Streit mit

Freunden hat. Menschliche Beziehungen laufen nur in sehr seltenen Fällen völlig harmonisch und ohne Reibereien ab. Menschen sind einfach unterschiedlich und müssen immer wieder versuchen, sich anderen verständlich zu machen. Darin liegt aber wiederum auch eine der spannendsten Seiten menschlicher Beziehungen.

Aber Dauerstreit zwischen den Eltern belastet natürlich die ganze Familie. Die Kinder stehen meist hilflos zwischen den beiden Streithähnen. Früher war man der Ansicht, dass die Eltern in einem solchen Fall der Kinder wegen zusammenbleiben sollten. Heute sagen Psychologen, dass das nicht sinnvoll ist. Wenn das häusliche Klima ständig von Streit und Misstrauen, von Kälte und Lieblosigkeit bestimmt ist, wenn die Eltern sich gleichgültig sind, sich nie zärtlich umarmen, sich nicht küssen und auch nicht miteinander schlafen, dann ist eine klare Trennung besser. Die Erfahrungen bestätigen, dass es auch den Kindern zugute kommt, wenn sie nicht mit Spannungen aufwachsen müssen. Dennoch ist es für die Kinder immer schwer einzusehen, dass ausgerechnet ihre Eltern sich trennen. Das ist mit großen Schmerzen verbunden. Denn Kinder wollen und brauchen ja beide Elternteile.

Scheidung

Die meisten Kinder sind in solchen Fällen hin und her gerissen: Auf der einen Seite möchten sie natürlich, dass die Familie zusammenbleibt. Jeder Mensch hat den Wunsch, in einer heilen Umgebung zu leben. Auf der anderen Seite kommt bei Dauerstress in der Familie niemand je zur Ruhe. Rein theoretisch betrachtet, verlierst du deine Eltern durch eine Scheidung ja auch nicht wirklich. Allerdings musst du dich von einem Elternteil räumlich trennen.

Darin liegt aber auch zunächst die größte Schwierigkeit: Es muss entschieden werden, bei wem die Kinder leben möchten. Kinder haben oft Angst davor, dass sie mit dem Elternteil zusammenleben müssen, mit dem sie weniger gut zurechtkommen. In solchen Fällen solltest du dich nicht scheuen, bei Erwachsenen, denen du vertraust, um Rat zu fragen. Denn schließlich hängt von dieser Entscheidung für dich mindestens genauso viel ab wie für deine Eltern. Ein Kind sollte in einem solchen Fall nicht gezwungen werden, etwas über das Knie zu brechen.

Fast alle Kinder reagieren verletzt oder wütend auf den Elternteil, der die Familie verlässt. Du kannst aber sicher sein, dass er dies nur schweren

Wird alles anders?

Herzens tut. Wenn der zurückbleibende Elternteil das Gegenteil behauptet, stimmt das meist nicht. In aller Regel haben beide Seiten gleich viel dazu beigetragen, dass die Verbindung auseinandergeht. Am besten versuchst du, dich so wenig wie möglich in den Streit einzumischen und Partei zu ergreifen. Schuld oder Nichtschuld sind in den wenigsten Fällen klar. Und eine Partei hat ganz sicher keine Schuld: Das sind die Kinder. Leider neigen Kinder dazu zu glauben, die Eltern würden sich ihretwegen trennen – etwa weil sie etwas ausgefressen haben oder weil sie glauben etwas getan zu haben, was die Eltern ärgert. Um es dir ganz deutlich zu sagen: Das stimmt nie! Kinder sind niemals der Trennungsgrund für ihre Eltern. Eine Trennung hat niemals etwas damit zu tun, dass Eltern ihre Kinder nicht mehr lieb haben. Die Gründe für eine Trennung liegen immer in der Beziehung zwischen den Eltern.

Wahrscheinlich würde jedes Kind gern mehr über die wahren Hintergründe einer Trennung wissen. Doch erst einige Zeit nach der Trennung wirst du mit den Eltern in Ruhe darüber sprechen können, was wirklich los war. Da wird sich dann auch manches anders darstellen, als es in der Hochphase des Kampfes gesagt wurde.

Die sogenannten Scheidungswaisen sind oft gezwungen, schneller als andere erwachsen, reifer und selbstständiger zu werden. Sie müssen auch schon mal die Verantwortung für ihre Eltern überneh-

Wird alles anders?

men. Auf jeden Fall dauert es immer eine ganze Weile, bis du dich an den neuen Zustand gewöhnt hast. Das gilt insbesondere dann, wenn die Schule gewechselt werden oder die Familie umziehen musste oder wenn sich der neue Alltag nur schwer organisieren lässt. Schließe dich in einer solchen Phase ruhig eng an andere Vertrauenspersonen aus deinem Umfeld an – etwa deine Großeltern, Tanten und Onkel, Cousinen und Cousins, vertrauenswürdige Nachbarn und deine Geschwister natürlich.

Alle Menschen – ob groß oder klein – brauchen ein gewisses Maß an Sicherheit und Geborgenheit. Das musst du dir nach der Trennung deiner Eltern erst wieder erarbeiten. Am besten geht das wohl, wenn du den Tatsachen ins Auge siehst. Und wenn du jemanden hast, mit dem du darüber reden kannst – vielleicht einen guten Freund oder eine gute Freundin. Und wenn du älter wirst, hast du vielleicht schon eine Liebesbeziehung zu jemanden, der dich trösten und dir über den Kummer hinweghelfen kann.

In eine schwere Krise stürzt eine Familie auch dann, wenn einer der beiden Elternteile stirbt – zum Beispiel durch einen Unfall oder durch eine schwere Krankheit. Das ist für Kinder und Erwachsene gleichermaßen eine große Erschütterung.

Der Tod ist für uns alle etwas, das wir nur sehr schwer und sehr langsam begreifen können. Dass ein Mensch nie wiederkehrt, ist unfassbar. Deshalb halten die restlichen Familienmitglieder besonders fest zusammen und versuchen gemeinsam, mit dem Verlust fertig zu werden. Manchmal müssen Kinder das jedoch auch mit sich allein abmachen, weil der allein gebliebene Elternteil zu sehr mit seinem eigenen Schmerz beschäftigt ist. Auch dann kann es helfen, sich mit anderen auszutauschen, zu denen du Vertrauen hast.

Ist es verboten zu verbieten?

Zu Beginn der Pubertät empfinden sich die meisten Jungen und Mädchen selbst als linkisch, unbeholfen, schüchtern und verwirrt. Denn eine Weile lang fühlen sie sich gar nicht so wohl in ihrer Haut: Sie sind keine Kinder mehr, aber auch noch nicht erwachsen. Es ist schwer sich vorzustellen, schon bald auf sich allein gestellt zu sein, obwohl jeder eigentlich davon träumt. Am liebsten möchtest

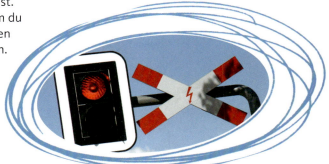

du dich ganz bestimmt von Zeit zu Zeit wieder hinter dem Rücken der Eltern verkriechen und von der anstrengenden Welt verschont bleiben. Das ist völlig normal. Es gibt auch keinen Grund, warum dies nicht so sein sollte. Lass dir von anderen nicht einreden, es sei uncool, mit den Eltern ein gutes Verhältnis zu haben und sich bei ihnen geborgen zu fühlen. Deine Eltern sollen und wollen dich ja auch beschützen, solange es geht und solange es wichtig ist für dich.

Wird alles anders?

Selbstständig werden

Das Abnabeln von den Eltern ist neben der Entwicklung deiner Sexualität eine der wichtigsten Begleiterscheinungen auf dem Weg zum Erwachsenen. Im Grunde beginnt die Loslösung von den Eltern natürlich schon an dem Tag, an dem du auf die Welt kamst. Doch so richtig geht es erst los, wenn die Pubertät einsetzt. Jeder junge Mensch hat den Drang, sich gegen die von den Eltern auferlegten »Zwänge« aufzulehnen und die Grenzen des Erlaubten zu erforschen. Die Rebellion richtet sich oft sowohl gegen gerechtfertigte als auch gegen unberechtigte Vorgaben. Alles wird von dir eine Zeit lang als Zumutung empfunden: die Vorschriften der Eltern ebenso wie die Spielregeln der Schule oder der Gesellschaft. Wie jeder andere auch, musst du aber lernen, dich damit auseinanderzusetzen, Zugeständnisse zu machen und Kompromisse auszuhandeln.

Dass Eltern wohlmeinende Ratschläge geben, ist Heranwachsenden auf einmal lästig. Selbst fortschrittliche Eltern werden ihr Recht auf Einspruch nicht so

Wird alles anders?

schnell aufgeben. Auch wenn sie stolz darauf sind, dass sich ihr Kind gut entwickelt und nun langsam flügge wird. Verbote werden nicht ausbleiben. Und ganz objektiv gesehen: In vielen Fällen sind sie durchaus angebracht. Denn Jugendliche neigen dazu, über das Ziel hinauszuschießen und sich, ihre Möglichkeiten und ihr Können zu überschätzen. Wenn du ehrlich bist, wirst du zugeben müssen, dass die Sorgen deiner Eltern oft berechtigt sind. Um Schikane oder übertriebene Vorsicht handelt es sich wirklich nur in Ausnahmefällen.

Die Streitpunkte sind in fast allen Familien die gleichen: Schule, Hausaufgaben, abendliche Ausgangszeiten, Mithilfe im Haushalt, Taschengeld, Freunde, Bekannte, Kleidung, Frisur, Musik, Geschmack, erste Liebe und so weiter und so fort. Diese Litanei können fast alle Jugendlichen herbeten. Übrigens: Du solltest deine Eltern einmal fragen, wie es denn in ihrer Jugend war. Sie werden dir eingestehen müssen: »Kein bisschen anders!« Wahrscheinlich haben sie es lediglich vergessen.

Für Mädchen gibt es immer noch mehr Verbote als für Jungen, weil sie von ihren Eltern stärker behütet werden. Das ist nicht nur vom Standpunkt der Eltern aus gesehen verständlich, sondern in vielen Fällen sogar richtig. Denn leider sind Mädchen auch heute noch größeren Gefahren ausgesetzt. Das musst du ganz realistisch sehen. Das sollte allerdings nicht bedeuten, dass Mädchen sich in ihrer Freiheit zu stark einschränken lassen. Denn sie müssen ja auch lernen, sich in der Welt zurechtzufinden. Letztlich ist das aber eine Sache der Verhandlung zwischen dir und deinen Eltern. Zudem ist es ein fortschreitender Prozess, denn du wirst ja Schritt für Schritt immer reifer und eroberst dir damit neue Freiheiten.

Mädchen müssen aber auch selbst vorsorgen, dass sie möglichst nicht in brenzlige Situationen geraten – zum Beispiel sollten sie nicht mit völlig fremden Menschen mitgehen, abends nicht allein nach Hause gehen, nicht allein trampen und aufpassen, dass ihnen keine Drogen untergejubelt werden. Sei Fremden gegenüber immer erst einmal misstrauisch. Positiv überraschen lassen kannst du dich dann ja immer noch.

Willst du unnötige Reibereien zwischen deinen Eltern und dir vermeiden, solltest du einen kühlen Kopf bewahren. Das gilt für deine »Erzeuger« natürlich auch. Es ist klug, wenn sich alle darum bemühen, miteinander im Gespräch zu bleiben. Dann lassen sich zu enge Vorschriften meist langsam aufweichen.

Auch wenn du deinen Eltern beweisen kannst, dass du verantwortungsvoll und zuverlässig bist, kannst du sicher Erfolge verbuchen. Haben deine Eltern den Eindruck, dass sie sich auf dich verlassen können, werden sie gegen eine Locke-

Wird alles anders?

rung von Verboten ganz sicher nichts einzuwenden haben. Druck, Trotz, Verweigerung und wildes Herumgemotze sind auf jeden Fall nicht die richtigen Mittel, um etwas für dich zu erreichen. Du kannst nicht auf der einen Seite tun, als wüsstest du alles besser, und dich auf der anderen Seite benehmen wie ein Derwisch. Überleg dir immer gut, welches Ziel du ansteuerst, und dann mach dich daran, es möglichst sachlich und logisch umzusetzen.

Aber natürlich musst du nicht immer nur vernünftig sein. Hin und wieder mal Dampf abzulassen und anderen tüchtig die Meinung zu sagen, reinigt die Luft und verhindert, dass du an deiner Wut erstickst. Und natürlich hast du auch als Jugendlicher das Recht auf eine eigene Meinung. Selbstverständlich sollst du die auch äußern dürfen.

Nach misslungenen Streitgesprächen sind wir alle meist von Verwirrung, Frust und Wut geplagt. Dann möchten wir es den anderen schon das eine und andere Mal so richtig heimzahlen. Doch wenn du lernst, dich fair und tolerant zu verhalten, hast du letztlich die besseren Karten.

Und du vergibst dir nichts, wenn du dich bei anderen entschuldigst. Jemandem verzeihen und sich entschuldigen zu können lohnt sich zu lernen. Dabei fällt dir kein Zacken aus der Krone. Im Gegenteil: Du beweist Größe damit.

Wird alles anders?

Freundschaften

Die meisten Jugendlichen haben keine Lust mehr, viel Zeit mit der Familie zu verbringen. Sie möchten allein sein oder mit Freunden etwas unternehmen, von denen sie sich verstanden fühlen. Sie wollen neue Dinge und neue Menschen kennen lernen oder aber einfach unter sich sein.

Am Anfang der Pubertät ist man dabei noch lieber mit Menschen des eigenen Geschlechts zusammen, Mädchen mit Mädchen und Jungen mit Jungen. In der Kindheit kann das ganz anders gewesen sein. Später bilden sich Cliquen heraus, in denen Jungen und Mädchen gemeinsam viel Spaß haben.

Besonders schwierig ist diese Zeit für schüchterne Jungen und Mädchen und alle diejenigen, die sich schwer tun, Kontakte zu knüpfen. Sie haben oft das Gefühl, dass andere sie nicht mögen. Sie fühlen sich minderwertig, schwach und hilflos. Das tut ziemlich weh. Meist sind andere Menschen einfach gedankenlos und kommen nicht auf die Idee, jemandem zu helfen, der nicht ganz so locker ist. Es ist nämlich nicht für jeden gleichermaßen leicht, jemand anderen anzusprechen. Vor allem wenn man denjenigen, den man vielleicht ganz nett findet, gar nicht kennt. Beim Sport, in Theater- oder Tanzgruppen geht das besser.

Wird alles anders?

Die Freunde oder der Freundeskreis sind nicht selten ein Streitpunkt zwischen Eltern und Kindern. Den Eltern ist der Umgang ihrer Sprösslinge oft nicht recht. Manchmal liegt das daran, dass sie die Freunde für sehr ausgeflippt oder extrem halten. Die Eltern befürchten einen schlechten Einfluss und reagieren aus dieser Sorge heraus oft etwas angestrengt. Doch wenn die Eltern deine Freunde erst einmal kennen gelernt haben und wissen, was ihr gemeinsam unternehmt, bleiben sie meist ganz gelassen.
Dass Eltern Freunde mit gemischten Gefühlen betrachten, kann aber auch damit zusammenhängen, dass sie ein wenig eifersüchtig sind. Sie haben vielleicht das Gefühl, sie selbst seien für dich gar nicht mehr so wichtig, und nur noch das Wort der Freunde gelte bei dir etwas.
Das musst du verstehen. Denn die Situation, dass du erwachsen wirst, ist schließlich für sie genauso neu wie für dich. Auch Eltern brauchen ihre Streicheleinheiten. Und zwar immer wieder!

Schule – ein Problemfall?
Ein guter Schulabschluss und eine Ausbildung sind wichtig. Ein Leben ohne einen Beruf, der einen ausfüllt und genügend Geld zum Leben bringt, ist für die meisten gar nicht mehr denkbar. Dies gilt für Frauen und Männer gleichermaßen.

Wird alles anders?

So viel muss der Ordnung halber gesagt sein. Denn es ist verständlich, dass viele Jugendliche in ihrer Entwicklung eine Zeit lang nicht mehr in die Schule gehen wollen. Schule und Lehrer sind dann einfach nur noch ätzend. Zum Lernen hast du wahrscheinlich sowieso keine Lust. Die Folge bei den meisten Schülern: Die Noten sinken in den Keller. Das ist schon immer so gewesen, auch bei deinen Eltern. Und keiner weiß genau, wie das kommt. Wissenschaftler sind der Meinung, dass bei Jugendlichen eine Zeit lang das Gehirn »wegen Umbau geschlossen« ist. Während der Pubertät werden im Gehirn neue Nervenverbindungen gebildet. Und das ist offenbar so anstrengend, dass nicht mehr zu schaffen ist. Darauf soll auch das gesteigerte Schlafbedürfnis von Jugendlichen zurückzuführen sein.

Weichenstellung für die Zukunft

Wahrscheinlich sind die meisten Jugendlichen aber auch einfach abgelenkt: Sie träumen von Liebe, machen sich Gedanken über ihr Aussehen, denken an einen angebeteten Menschen und fantasieren sich Märchenschlösser für die Zukunft zusammen. Außerdem ist es für junge Leute auch nicht ganz leicht, alles unter einen Hut zu bringen: hohe Anforderungen in der Schule, Hausaufgaben, Sport, und dabei noch Zeit für die Freunde und Hobbys zu finden. Das gilt auch für diejenigen, die eine Lehre oder eine Ausbildung machen, die volle Arbeitstage haben, morgens ganz früh aufstehen und auch noch zur Berufsschule müssen. Bei den meisten hat die Lustlosigkeit aber bald wieder ein Ende, oder sie lernen es, sich die Zeit gut einzuteilen.

Eine gute Ausbildung macht stark und unabhängig. Und zwar nicht nur wegen des Geldes. Sie schafft auch Lebenssinn und sorgt dafür, dass du dich freier und selbstbewusster fühlst. Das Leben ist viel leichter, wenn du weißt, dass du etwas leisten und jederzeit für dich selbst sorgen kannst. Das ist völlig unabhängig davon, ob du ein Junge oder ein Mädchen bist. Der Spruch, den sich schon Generationen von Schülern gähnend und augenverdrehend angehört haben – »Nicht für die Schule, sondern für das Leben lernen wir!« –, ist schlicht und ergreifend die Wahrheit. Selbst wenn dir das, was du lernen musst, oft unerträglich lebensfern erscheint.

Wird alles anders?

Die anderen brauchen eine Menge Energie und Willenskraft, um durchzuhalten. Die muss ganz allein aus ihnen selbst kommen, und das ist sehr schwer. Denn es ist nicht einfach, für eine unbestimmte Zukunft zu arbeiten, wenn einem die Gegenwart viel wichtiger und spannender erscheint.
Es ist unbestritten: Von einem vernünftigen Verhalten in deinem Alter hängt viel ab. Zu keiner anderen Zeit kannst du so viel Zeit und Energie investieren und so viele Dinge unter geschützten Bedingungen ausprobieren. Doch leider kommt diese Erkenntnis oft erst dann, wenn es zu spät ist und du dir auf ganz besonders mühsamem Weg erarbeiten musst, was dir sonst viel leichter gefallen wäre.

Erste Liebe

Erste Liebe

Liebe ist das schönste Gefühl, das wir kennen. Davon kann der Mensch sein Leben lang gar nicht genug bekommen. Die Liebe ist ein ganz warmes Gefühl, das du einem anderen Menschen gegenüber empfindest. Sie steht für Geborgenheit, Sicherheit und Zusammenhalt. Jemanden zu lieben heißt, sein Wohl im Auge zu behalten und zu seinen Gunsten auch einmal die eigenen Ansprüche zurückzustellen. Man sagt allgemein, wer sich selbst nicht liebt, kann auch einen anderen Menschen nicht lieben. Wenn du mit dir einverstanden bist und dich selbst magst, dann bist du auch offen dafür, einen anderen Menschen zu lieben und selbst geliebt zu werden. Eltern lieben ihre Kinder, Kinder ihre Eltern, Familienmitglieder lieben einander. Kinder lieben ihre Großeltern, Verwandte, Freunde, sie lieben ihre Tiere oder ihr Spielzeug. Mit der Pubertät bekommt die Liebe eine weitere Bedeutung: der Wunsch nach Erfüllung und Verschmelzung. Sexualität wird für dich ein wichtiger Bestandteil von Liebe.

Verliebt sein

Liebe kann zwischen Frau und Mann, zwischen Mädchen und Jungen, zwischen Mädchen und Mädchen, Jungen und Jungen entstehen. Sie ist so vielfältig, dass es bislang niemandem wirklich gelungen ist, sie zu beschreiben. Dieses umwerfende Gefühl muss man einfach selbst erleben. In der Pubertät schwärmst du wahrscheinlich erst mal für jemanden, den du nur von der Ferne kennst, einen Jungen oder ein Mädchen aus der Nachbarschaft, einen Popstar, jemanden aus einer Casting-Show oder einer Soap, einen Schauspieler, eine Lehrerin oder einen Sportler. Du kannst Stunden damit zubringen, dir vorzustellen, wie es ist, diesen Menschen wirklich kennen zu lernen. Du malst dir die schönsten Situationen aus, in denen du so schön, reich, erfolgreich und klug bist, dass dieser angebetete Mensch dir zu Füßen liegt.

Erste Liebe

In diesem »Film« bist du der Superstar. Du träumst davon, wie ihr Zärtlichkeiten austauscht, euch küsst und vielleicht sogar, wie ihr miteinander schlaft. Damit übst du gewissermaßen für den

Ernstfall, bis die Zeit »reif« ist und du auf einen Menschen triffst, in den du dich richtig verliebst. Was passiert, wenn du dich verliebst, weiß niemand so genau. Forscher sagen, dass dabei sogenannte Botenstoffe durch den Körper rauschen und ihn in einen Ausnahmezustand versetzen. Der Körper wird richtig überschwemmt von Gute-Laune-Stoffen. Du könntest platzen vor Gefühl. Du hast das Gefühl, eine Handbreit über dem Boden zu schweben. Du kannst an nichts anderes mehr denken, als an den einen Menschen. Wenn du ihn dann siehst, wird dir heiß und kalt und dein Herz rast. In deinem Bauch tanzen Schmetterlinge und du stehst komplett neben dir. Wenn zwei Menschen sich ineinander verlieben, dann scheinen sie voneinander völlig verzaubert zu sein. Jede kleinste Berührung wird zu einer totalen Erschütterung der gesamten Erde. Jeder bewundert den anderen und findet ihn einzigartig. Verliebte sind nur zufrieden, wenn der andere in der Nähe ist. Sie können sich stundenlang nur anschauen und die Welt um sich herum vergessen. Sie sehen und hören nichts außer einander. Dieser Zustand ist meist nicht von besonders langer Dauer. Leider! Selbst wenn es am Anfang nach der »großen Liebe« aussah (und unter uns: Das tut es jedes Mal!), geht das Pärchen wieder auseinander. Dann steht Liebeskummer ins Haus. Der Schmerz ist so heftig, dass du denkst, ihn nicht zu überleben. Dass Liebeskummer so wehtut, hast du dir nicht vorstellen können.

Du bist, wie du bist

Bevor du dich zum ersten Mal richtig verliebst, bist du dem »anderen Geschlecht« täglich begegnet: beim Sport, in Schule

Erste Liebe

Die Frau – ein wandelndes Schönheitsideal?

Venus
15. Jahrhundert

Maja
18. Jahrhundert

und Nachbarschaft. Ihr kennt euch schon lange, habt zusammen gespielt und gelernt.
Wenn du verliebt bist, siehst du alles anders. Es ist gar nicht so einfach, dem anderen zu sagen: »Hey, ich bin verknallt in dich!« Es ist eine große Kränkung, von einem Menschen, den man toll findet, zurückgewiesen zu werden, und es braucht oft lange, bis diese wieder überwunden ist. Du hast Angst, dich bloßzustellen, zu viel von dir preiszugeben oder »ihm« oder »ihr« nicht zu gefallen.
Vor allem Mädchen sind häufig sehr unzufrieden mit ihrem Aussehen.
Viele Mädchen möchten so aussehen wie ein Top-Model oder wie eine der Schauspielerinnen aus den Soaps. Dabei ist richtige Schönheit viel mehr als ein schönes Gesicht und die »richtige« Kleidergröße. Sie hat viel mehr mit Ausstrahlung und Selbstbewusstsein zu tun. Die Vorstellung davon, was schön ist, hat sich im Laufe der Zeit immer wieder geändert: Mal waren rundliche, mal üppige, dann wieder superschlanke und knabenhafte Figuren gefragt. Doch jedes Mädchen hat ihre – überwiegend erblich vorgegeben – Formen. Wenn du also nicht gerade zu der Handvoll Mädchen gehörst, die dem aktuellen Schönheitsideal entsprechen, wirst du dich vergeblich abmühen, es zu erreichen. Der weibliche Körper mit den sanften Rundungen von Brüsten, Hüften, Po und Schenkeln entsteht mit der sexuellen Reife. Aus Angst davor, nicht schön genug zu sein, haben Frauen schon immer mit aller Kraft versucht, ihre angeblichen Schönheitsfehler loszuwerden. Die modernen Methoden dafür kennen wir alle: Kosmetik, übersteigertes Bewegungstraining, eine Radikaldiät nach der anderen, Magersucht, Fress-und-Brech-Sucht oder Schönheitsoperationen. Doch du bist, was du bist: Deine innere Haltung, dein Lachen, deine Energie, deine Klugheit und deine Aktivität sind die Quellen deiner Schönheit. Das gilt für Mädchen und Jungen gleichermaßen.

Erste Liebe

Pin-up-Girl
1930er-Jahre

Fotomodell Twiggy
1960er-Jahre

Der erste Schritt

Von Anfang an stehen Jungen unter ganz besonders starkem Leistungsdruck. Von ihnen wird beispielsweise oft noch erwartet, dass sie ein Mädchen zuerst ansprechen. Damit ist aber stets auch das Risiko verbunden, sich zu blamieren oder ausgelacht zu werden. Das ist für jeden eine unangenehme und kränkende Erfahrung.

Die Angst, eine Abfuhr zu erhalten, ist sicher auch ein Grund, warum Jungen häufiger negativ über Mädchen reden. Dieses Verhalten macht es beiden Geschlechtern schwer: Vielen Jungen fällt es nicht leicht, den ersten Schritt zu tun. Und viele Mädchen glauben warten zu müssen, bis der andere auf sie zugeht. Es ist aber heute durchaus an der Tagesordnung, dass das Mädchen die Initiative ergreift. Also lass du dich nicht aufhalten, wenn dir danach ist. Es gibt eine Menge Dinge, mit denen du dein Interesse zeigen kannst: ihm zulächeln, ihm zuhören, ihm in die Augen sehen, sich für Dinge interessieren, die er tut und sagt, sich seiner Clique anschließen – all das sind Möglichkeiten der Annäherung. Auf jeden Fall solltest du ihn wissen lassen, dass dir an seiner Gesellschaft liegt. Auch wenn es Überwindung kostet. Aber so zu tun, als wäre der Junge Luft, und womöglich noch mit den Freundinnen über seine vielleicht ungeschickten Annäherungsversuche zu lachen, verletzt und vertreibt ihn ganz bestimmt. Auf der anderen Seite sollte ein Junge dann auch so sensibel sein, einen Annäherungsversuch des Mädchens nicht gemein abblitzen zu lassen, auch wenn er damit überfordert ist.

Er liebt mich, er liebt mich nicht

Für das erste Verliebtsein gibt es keinen Terminplan. Irgendwann erwischt es dich aus heiterem Himmel. Höchstwahrscheinlich dann, wenn du gar nicht daran denkst. Nicht selten verliebt man sich in diesem Alter sogar mehrmals hintereinander, ohne dass gleich etwas daraus wird.

Erste Liebe

Oder du bist gleich in mehrere Personen auf einmal verliebt ... Vielleicht findest du aber auch gerade niemanden nett genug zum Verlieben. So etwas ist ja auch vom Zufall abhängig. Warum nicht erst eine Weile herumschwärmen? Nicht jede Freundschaft entwickelt sich zu einer Liebesbeziehung, es passen ja auch nicht alle Menschen zusammen. Dann belässt man es besser bei einem unkomplizierten Kumpel-Verhältnis. Manchmal sind diese Freundschaften sogar haltbarer.

Nicht selten ist in Beziehungen der eine verliebter als der andere. Es tut sehr weh, jemanden zu lieben, der die Liebe nicht oder nicht im gleichen Maß erwidert. Oder jemanden zu lieben, der die Beziehung beendet hat. Auch die Trennung von jemandem, der einen selbst mehr liebt als man ihn, ist nicht immer einfach. Du fällst von einer Sekunde zur anderen in ein tiefes Loch und weißt nicht, ob du da jemals wieder herauskommst. Besonders schmerzlich ist es, wenn man wegen eines oder einer anderen verlassen wurde.

Doch die Zeit heilt alle Wunden. Auch wenn du das nicht glauben magst. Liebeskummer lohnt sich wirklich nur in den seltensten Fällen. Die Tränen, die du um den Verflossenen und die Verflossene vergießt, sind in dem Moment vergessen, in dem ein neuer süßer Junge oder ein neues tolles Mädchen auftaucht. Und beim nächsten Mal wird alles besser!

Erste Liebe

Das erste Mal

Die meisten Jugendlichen haben widersprüchliche Gefühle, was ihre Sexualität angeht. Einerseits empfinden sie sich oft als noch nicht reif genug für Sex. Andererseits fühlen sie sich gedrängt – von sich selbst und von anderen. Jungen stehen unter größerem Leistungsdruck, während Mädchen oft lieber noch etwas warten möchten, bis es zum sagenumwobenen »ersten Mal« kommt.

Das größte Problem ist für viele Heranwachsende, dass sie nicht wissen, wo sie in Sachen Sex verlässliche Informationen und Ratschläge bekommen können. Die Älteren – ob Eltern oder Lehrer – haben oft ihre eigenen Probleme mit dem Thema. Unter den Jugendlichen selbst herrscht auf diesem Gebiet ein unausgesprochener Konkurrenzkampf: Wer hat schon, wer hat mit wem und wer hat überhaupt noch nie?

Sexualität ist einer der wichtigsten und oft auch schönsten Bereiche im Zusammenleben eines Paares. Sie ist die Grundlage dafür, dass Menschen Kinder bekommen – dass ihr also eines Tages Mutter oder Vater werden könnt. Sexualität ist aber noch mehr: ein Ausdruck von Liebe und Verbundenheit. Darüber hinaus macht Sex Spaß und ist eine überaus lustvolle Angelegenheit.

Wann ist man alt genug für »das erste Mal«? Das fragen sich viele junge Menschen. Darauf gibt es keine allgemein gültige Antwort, denn jeder Mensch hat sein eigenes Tempo. Die körperliche Entwicklung spielt dabei keine Rolle, denn mit dem Beginn der Geschlechtsreife könnten rein theoretisch schon alle Jugendlichen Geschlechtsverkehr haben. Die seelisch-geistige Reife spielt eine

größere Rolle. Entscheidend ist also, ob du dich reif genug für die Liebe fühlst oder nicht.

Sexuelle Liebe ist nicht das, was du aus den Medien kennst. Oft kommt sie auf leiseren Pfoten daher. Sie hat viele Spielarten. Vor allem aber ist sie eine ganz individuelle Angelegenheit. Sie richtet sich nach Lust, Laune und dem, was beide Partner zulassen wollen. Viele Menschen machen den Fehler zu denken, Sexualität sei immer gleichbedeutend mit richtigem Geschlechtsverkehr. Ebenso falsch ist es zu glauben, Sex müsse immer mit einem Höhepunkt enden. Alles, was zwei Menschen aus sexueller Lust miteinander machen, ist Sex.

Zwei Menschen, die erotisch voneinander angezogen werden, empfinden oft schon die leichteste Berührung mit den Fingerspitzen als eine Explosion. Sie streicheln sich und erkunden dabei den ganzen Körper. Auch Küssen ist außerordentlich an- und aufregend. Für diese Liebkosung braucht es gar keine Anleitung. Irgendwie kann jeder Mensch

Erste Liebe

von Natur aus küssen. Das kann an den verschiedensten Stellen als lustvoll empfunden werden, vor allem aber an den Geschlechtsteilen. Bei der Frau sind die Brüste sehr sensibel.

Ist ein Mann sexuell erregt, versteift sich sein Glied und richtet sich auf. Bei einer Frau schwillt der Kitzler an. Die Scheide bildet bei sexueller Erregung vermehrt Feuchtigkeit. Dadurch wird das Einführen des Gliedes in die Scheide erleichtert. Will ein Paar richtig miteinander schlafen, führt der Mann sein steifes Glied in die feuchte Scheide ein. Dann bewegen sich beide miteinander so, dass sich das Lustgefühl noch weiter steigert. Für die meisten Frauen ist es wichtig, dass dabei ihr Kitzler gestreichelt wird. Das Paar kann in allen nur denkbaren Stellungen liegen, sitzen, stehen oder sonst tun, was ihm gerade Spaß macht. Die »gängigste« Stellung ist die sogenannte »Missionarsstellung«, bei der der Mann auf der Frau liegt und von vorn in sie eindringt. Jeder Mensch findet recht schnell heraus, was ihm Spaß macht und was nicht. Da braucht es meist keine großen Anleitungen. Verlass dich darauf, dass dies auch bei dir so ist.

Es ist ganz entscheidend, dass beide Partner zum Geschlechtsverkehr auch wirklich bereit sind. Denn sonst hat besonders die Frau wenig Freude daran. Vor allem beim ersten Mal kann ein Mädchen Schmerzen beim Einführen des Gliedes haben oder wenn die Scheide nicht feucht genug ist und das Glied an den zarten Scheidenwänden reibt. Für viele ist das intime Zusammensein mit einem (noch) fremden Menschen ohnehin nicht gleich so schön, wie sie es sich erträumt haben.

Das hat weniger mit dem Verlust des Jungfernhäutchens zu tun. Dieser weiche Hautkranz am Scheideneingang hat nämlich in der Mitte meist eine dehnbare Öffnung. Bei vielen Mädchen übersteht das Häutchen die erste Liebe unbeschadet. Bei nicht wenigen ist es aber schon eingerissen oder hat sich zurückgebildet.

Meist sind zwei unerfahrene junge Menschen zusammen, die noch lernen müssen, wie Sexualität am schönsten ist. Und im Eifer des ersten Gefechts geht dann auch schon mal alles schief. Oft sind Jugendliche aber auch nicht ungestört genug, um sich wirklich entspannen zu können. Jeder Mensch muss seine Sexualität erst kennen lernen. Das betrifft vor allem die eigenen Wünsche. Um die Liebe genießen zu können, brauchst du Erfahrung mit dir selbst. Du musst nicht nur wissen, was dir wann, wo und wie Spaß macht, sondern auch, wie du auf das intime Zusammensein mit einem anderen Menschen reagierst.
Klar, dass du das nicht von heute auf morgen lernst. Manchmal kommt der entscheidende Kick sogar erst im Erwachsenenalter. Vor allem Mädchen und Frauen sind in dieser Hinsicht oft »Spätentwickler«: So bekommen Jungen fast automatisch einen Orgasmus. Bei Mädchen dagegen setzt die sexuelle Reaktionsfähigkeit später ein und steigert sich erst langsam. Das gilt auch für die Fähigkeit, einen sexuellen Höhepunkt zu erlangen.

72

Auf dem Höhepunkt

Sex muss nicht zwangsläufig mit einem Höhepunkt enden. Für Mädchen und Frauen ist zärtliches und vertrautes Beisammensein mindestens genauso wichtig. Aber auch Männern tut man Unrecht, wenn man glaubt, für sie sei sexuelle Liebe nur eine Sache der persönlichen Befriedigung. Männer geben immer noch viel zu selten zu, dass es ihnen wichtig ist, mit einer Frau zusammen zu sein und mit ihr intime und intensive Nähe zu teilen.

Männer werden sehr leicht verunsichert, weil sie das Gefühl haben, sie dürften nicht passiv und einfühlsam sein, sie dürften den Sex nicht einfach nur hingebungsvoll genießen.

Bevor es zu einem Höhepunkt kommt, steigert sich bei beiden Geschlechtern die Erregung stetig. Dabei geht der Atem schneller, das Herz schlägt rascher und der Körper wird stärker durchblutet. Die Brustwarzen der Frau richten sich auf. Die Haut am ganzen Körper wird rosig, und du beginnst zu schwitzen. Vor dem Höhepunkt kommt es zu einer Phase, in der sich die hochgradige Erregung mehrere Minuten lang hält, bis sie sich im Höhepunkt entlädt. Wenn Frauen beim Geschlechtsverkehr zum Höhepunkt kommen, geschieht das fast immer durch die direkte oder indirekte Berührung ihres Kitzlers: indem er mit der Hand gestreichelt oder durch das Glied stimuliert wird.

Bei Mädchen und Frauen kommt der Höhepunkt eher auf ganz leisen Sohlen. Er ist selten so »donnernd«, wie manche ihn gern darstellen. Das Gefühl, das sich beim Höhepunkt einstellt, wird oft überschätzt. Was du beim Orgasmus empfindest, kann generell überhaupt nicht gesagt werden. Das ist von Mensch zu Mensch, von Frau zu Frau, von Mann zu Mann, von Tag zu Tag und von Alter zu Alter unterschiedlich. Und natürlich kann sich das auch mit dem jeweiligen Partner ändern.

Beim Orgasmus der Frau ziehen sich zunächst die Muskeln, die den Scheideneingang umgeben, für einige Sekunden zusammen. Dann bewegen sich die

Erste Liebe

Muskeln im Unterleib rhythmisch. Ein intensives Gefühl breitet sich in der gesamten Genitalgegend aus. Das Wohlgefühl geht auf den ganzen Körper über. Während des Höhepunkts nimmt ein Mensch nur noch bedingt wahr, was um ihn herum vor sich geht. Frauen können oft mehrere Male hintereinander zum Höhepunkt kommen.

Beim Mann wird der Höhepunkt durch das rhythmische Zurückschieben der Vorhaut und die Stimulation der Eichel ausgelöst. Durch das Zusammenziehen der Beckenbodenmuskeln der Frau wird dieser Effekt noch verstärkt. Der Ausstoß der Samenflüssigkeit ist der Höhepunkt, der dem Mann Lust und Erleichterung verschafft. Dabei ziehen sich die Muskeln krampfartig zusammen, wodurch die Samen aus den Nebenhoden durch die Samenleiter zur Harnröhre gepresst werden. Die ersten Wellen sind dabei die stärksten und angenehmsten, die darauf folgenden weniger intensiv. Die Spannung entlädt sich in Sekunden. Anders als Frauen sind Männer nach einem Höhepunkt fürs Erste »außer Gefecht« gesetzt. Das Glied wird schlaff, und es dauert eine Weile, bis es wieder steif werden kann.

WENN DU MAL SO RUMFRAGST, WIE SICH EIN ORGASMUS ANFÜHLT, DA KRIEGSTE VIELLEICHT WAS ZU HÖREN!

HMM...

Erste Liebe

Was sonst noch Spaß macht

Die meisten Menschen erleben ihre ersten sexuellen Erfahrungen und Höhepunkte bei der Selbstbefriedigung. Dabei kannst du deinen Körper und deine eigenen Wünsche unabhängig von anderen kennen lernen. Sich selbst zu befriedigen, ist weder unmoralisch noch schädlich. Für Jungen ist es gut, auf diese Weise »Dampf abzulassen«. Und auch für Mädchen ist dies die beste Übung, sich zu erforschen und ihre sexuellen Vorlieben zu erkennen.

Männer befriedigen sich selbst, indem sie ihr Glied mit den Händen reiben, so wie es ihnen Lust macht. Frauen streicheln und massieren ihren Kitzler. Sehr viele Jugendliche haben bei der Selbstbefriedigung sexuelle Fantasien. So kann man auch Bedürfnisse ausleben, die in der Wirklichkeit keinen Platz haben. Auch die ersten sexuellen Kontakte mit dem anderen Geschlecht beschränken sich normalerweise auf Küssen und Streicheln. Der ganze Körper und die Genitalien werden dabei mit Mund und Händen erforscht und liebkost. Diese gegenseitige Befriedigung sexueller Lust kann ebenfalls zum Höhepunkt führen. Beim Petting – wie diese Spielart

Erste Liebe

der körperlichen Liebe genannt wird – erfahren Jugendliche zum ersten Mal, wie es ist, mit einem anderen Menschen intim zusammen zu sein, wie man einen Liebespartner erregt und sich auf ihn einstellt. Ein entscheidender Vorteil des Pettings ist die Tatsache, dass noch keine Verhütungsmaßnahmen ergriffen

werden müssen. Allerdings muss sicher sein, dass beim Liebesspiel keine Samen in den Bereich des Scheideneingangs gelangen. Dieses kann unter anderem passieren, wenn einer der beiden Partner Samenflüssigkeit an den Fingern hat und dann mit den Händen die weiblichen Geschlechtsorgane berührt oder wenn sich das Glied beim Höhepunkt zu nahe am Scheideneingang befindet.

Die Liebe zwischen Männern oder zwischen Frauen ist so schön und beglückend wie die Liebe zwischen Mann und Frau. Die Sexualität zwischen Gleichgeschlechtlichen ist ebenso lustvoll. Manche Menschen pendeln ihr Leben lang zwischen beiden Geschlechtern. Sie werden als bisexuell bezeichnet. Homosexuelle Männer werden auch schwul und homosexuelle Frauen lesbisch genannt. Wodurch die homosexuelle Neigung verursacht wird, ist unbekannt. Manche sagen, sie sei in den Genen angelegt. Andere glauben, dass sie während der Schwangerschaft durch die Hormone der Mutter ausgelöst wird. Auch in der Erziehung der Eltern sehen manche eine Ursache. Letztlich ist dies allerdings aber völlig gleichgültig, wichtig ist es, Homosexualität zu akzeptieren. Grundsätzlich hat jeder Mensch das Recht, selbst zu entscheiden, wen er liebt und wie er liebt. Wenn du dich auf Dauer mehr zum eigenen Geschlecht hingezogen fühlst, wirst du dich dennoch zunächst sehr einsam und allein fühlen. Denn es ist nicht einfach, anderen einzugestehen, dass man homosexuell ist. Es ist schwierig, unbeschwert mit dieser Erkenntnis umzugehen. Für Jugendliche,

Erste Liebe

die glauben, homosexuell zu sein, ist es auf jeden Fall nicht einfach, allein damit zurechtzukommen. Es gibt heute in den meisten Städten spezielle Frauen- und Männergruppen, wo du dir helfen und dich beraten lassen kannst. Auch bei anderen Beratungsstellen erhalten homosexuelle Jugendliche Hilfestellung.

Die eigenen Bedürfnisse

Jeder Mensch ist einer Vielzahl von Einflüssen ausgesetzt. Eltern, Schule, Fernsehen, Werbung, Kirche und Politik bestimmen direkt und indirekt auch unser Sexualleben mit. Und so fällt es uns oft schwer, eine selbstständige Entscheidung zu treffen, die nicht von außen beeinflusst wird. Das gilt ganz besonders für das berühmte erste Mal. Eltern und Erwachsene halten einen nämlich fast immer noch für zu jung.
Im Freundeskreis dagegen wird ausgesprochen oder unausgesprochen ein gewisser Druck ausgeübt. Oft hat nur derjenige ein gewisses Ansehen, der bereits über sexuelle Erfahrungen verfügt. So lässt sich mancher Jugendliche auf etwas ein, was ihm hinterher vielleicht leidtut.
Vor allem Mädchen sagen häufig, dass sie sich beim ersten Mal noch gar nicht reif genug gefühlt hätten. Sie hatten oftmals das Gefühl, gedrängt worden zu sein. Heranwachsende Jungen können in dieser Hinsicht manchmal sehr egoistisch und rücksichtslos sein. Nein zu sagen fällt vielen Mädchen sehr schwer. Sie erfinden dann irgendwelche Entschuldigungen, warum sie mit ihrem Freund nicht ins Bett gehen können. Dabei gibt es nur einen akzeptablen Grund, sich auf Sex einzulassen: dass du es selbst wirklich gerne möchtest.
Deine eigenen Bedürfnisse und Gefühle sind ausschlaggebend. Du solltest lernen, in dich hineinzuhorchen und herauszufinden, welches deine eigenen Wünsche sind.

77

Erste Liebe

Sex gegen den eigenen Willen

Geschlechtsverkehr gegen den eigenen Willen mit Gewalt oder Gewaltandrohung wird als Vergewaltigung bezeichnet. Das ist mit das Schlimmste, was Mädchen oder Frauen passieren kann. Auch Jungen werden vergewaltigt. Das ist für sie nicht weniger schlimm. Es ist ein brutales, entsetzliches und demütigendes Ereignis, das nicht selten lebensbedrohlich ist. Es kann Jahre dauern, bis die Betroffenen sich seelisch erholen und sich wieder sicher fühlen können.

Ein großer Teil dieser Vergewaltigungen wird nicht von Fremden, sondern von Menschen, die man kennt, verübt. Onkel, Brüder, ja sogar Väter können zu einer Gefahr für Mädchen oder Jungen schon im frühesten Kindesalter werden. Ein älteres Familienmitglied hat meist aufgrund seiner Körperstärke und seiner Stellung in der Familie so viel Macht, dass sexuelles Bedrängtwerden schwer abgewehrt werden kann. Oft setzt der Täter sein Opfer unter Druck und zwingt es zu schweigen.

Die Mutter kommt als Ansprechpartnerin oft nicht infrage. Vielleicht wird sie mit der Tatsache, dass ihr Partner ein Vergewaltiger ist, selbst nicht fertig oder will es auch gar nicht wahrhaben. In Einzelfällen kann sie sich sogar gegen ihr Kind stellen. Das ist ganz besonders bedrückend.

Lange Zeit wurde deswegen über solche Sachen nicht gesprochen. Das hat alles nur noch schlimmer gemacht.

Da es aber besonders schwierig für ein Kind ist, sich vor sexuellen Übergriffen zu schützen, ist es auf die Hilfe anderer und vor allem Erwachsener angewiesen. Wenn du diese Unterstützung nicht von deiner Familie erwarten kannst, solltest du dich unbedingt und rasch an eine Gruppe oder Einrichtung wenden, die fahrungen mit Missbrauch und Vergewaltigung hat. Für Mädchen gibt es ganz spezielle Hilfeeinrichtungen. Hier können sie Erfahrungen austauschen oder in Kursen lernen, wie sie sich in bestimmten Situationen schützen können. Denn es ist einem Mann nicht anzusehen, ob er zur Vergewaltigung neigt oder nicht. Viele Vergewaltiger erscheinen nach außen hin völlig normal, obwohl sie schwer gestört sind und Frauen demütigen und verletzen wollen.

Jede Frau, jedes Mädchen und jeder Junge kann Opfer einer Vergewaltigung werden. Niemand kann etwas dafür, wenn es ihm passiert. Kein Opfer hat in irgendeiner Form Anteil oder Schuld an diesem Verbrechen, egal wie es sich verhalten hat – aggressiv oder passiv, aufreizend oder zurückhaltend.

Auf Nummer sicher: Verhütung

ZUR SACHE? ABER SICHER!

Auf Nummer sicher: Verhütung

Wir leben in einer Zeit, in der wir auf vielfältige Weise mit Sexualität konfrontiert werden. In den Medien ist sie allgegenwärtig und damit auch in unserem Alltag. Doch Sexualität ist ja mehr als nur das, was wir beispielsweise im Fernsehen oder im Internet sehen. Viele junge Leute meinen zwar schon alles über Sex zu wissen, aber von Verhütung haben sie keine Ahnung. In den letzten Jahren ist deshalb die Zahl ungewollter Schwangerschaften bei Minderjährigen gestiegen.

Man sollte meinen, aufgeklärte Jungen und Mädchen wüssten gut über Verhütungsmethoden und ihre Anwendung Bescheid, bevor sie ins Liebesleben starten. Die Wirklichkeit sieht jedoch ganz anders aus. Noch immer werden viel zu viele Mädchen schwanger, ohne es zu wollen. Viele schlittern ohne Vorsorge in den Sex hinein. Dies ist einerseits verständlich, denn der erste Geschlechtsverkehr lässt sich oft nicht oder nur schlecht vorausberechnen und planen. Und immer wieder gibt es – wahrscheinlich in jedem Lebensalter – unverhofft Situationen, in denen Liebestaumel und Glücksgefühle die Verhütung einfach vergessen lassen. Auf der anderen Seite ist das sehr gefährlich, denn ein einziger sexueller Kontakt reicht für eine Schwangerschaft ja bereits aus.

Wenn Minderjährige Kinder bekommen, ist das immer eine schwierige Sache. Ein Schwangerschaftsabbruch ist für jede Frau schwer zu verarbeiten, für junge

Auf Nummer sicher: Verhütung

Mädchen aber ganz besonders. Eine zu frühe Mutterschaft wirft dagegen den ganzen Lebensplan durcheinander und bringt ein junges Mädchen in eine Situation, die sie logischerweise völlig überfordert. Auch für einen Jungen verändert sich durch eine frühe Vaterschaft das ganze Leben. Denn er muss zumindest finanziell Verantwortung für sein Kind übernehmen.

Dabei ist die Verhütung gar nicht so schwierig. Es gibt eine Reihe einfacher, sicherer und sogar bequemer Möglichkeiten, eine Schwangerschaft zu verhüten. Manche sind für Jugendliche besser, andere weniger gut geeignet. Für deine Altersgruppe sind Pille, Vaginalpflaster und das Kondom wahrscheinlich am besten – auch in Kombination miteinander. Minderjährige haben das Recht, über Verhütungsmittel aufgeklärt zu werden und diese auch zu benutzen. Bestimmt sprecht ihr im Schulunterricht darüber. Du kannst aber auch eine Frauenärztin oder einen Frauenarzt beziehungsweise eine Familienberatungsstelle aufsuchen, um dich ausführlich beraten zu lassen.

Der erste Besuch beim Frauenarzt

Wenn du zu einem Frauenarzt oder einer Frauenärztin gehen möchtest, solltest du dich bei Freundinnen oder Bekannten erkundigen, mit welchem Arzt sie gute Erfahrungen gemacht haben. Denn es ist gut, wenn zwischen euch die Chemie stimmt und du Vertrauen haben kannst.

Auf Nummer sicher: Verhütung

Du musst nicht unbedingt zu dem Gynäkologen gehen, bei dem deine Mutter in Behandlung ist. Vielleicht findest du einen anderen Arzt besser für dich und deine Fragen. Auf jeden Fall sollten Frauenärzte junge Mädchen höflich und respektvoll behandeln, behutsam sein und sich für die Beratung viel Zeit lassen. Der Besuch beim Frauenarzt und das Gespräch mit ihm unterliegen auch bei minderjährigen Mädchen der ärztlichen Schweigepflicht. Dennoch werden die meisten Mädchen wohl von ihrer Mutter beim ersten Mal begleitet werden. Manchmal gehen auch zwei Freundinnen zusammen zum Arzt. Der erste Besuch beim Gynäkologen oder der Gynäkologin ist wahrscheinlich für jedes Mädchen aufregend. Zunächst führt der Arzt mit seiner neuen Patientin ein ausführliches Gespräch. Er wird nach Krankheiten, Operationen und Medikamenten fragen, die du vielleicht einnehmen musst. Vor allem aber interessiert er sich für deinen Zyklus, die Menstruation und deine körperliche Entwicklung.

Untersuchen muss er dich bei diesem ersten Besuch nicht. Selbst wenn du die Pille haben möchtest, ist keine Untersuchung notwendig. Wenn du dich noch nicht reif genug für eine gynäkologische Untersuchung fühlst, kannst du das dem Arzt ruhig sagen. Das ist keine Schande und dein gutes Recht. Die Untersuchung tut normalerweise auch nicht weh – vorausgesetzt du bist nicht zu aufgeregt und verkrampfst dich womöglich. Wenn der Arzt oder die Ärztin einfühlsam und vorsichtig vorgeht, dürfte das aber kein Problem sein. Der Arzt schaut sich den Unterleib genau an, untersucht die Schamlippen und die Scheide. Er tastet die Eierstöcke und die Gebärmutter ab und kontrolliert den Muttermund. Dann macht er mit einem Wattestäbchen einen Abstrich, um zu prüfen, ob sich Krankheitserreger in der Scheide befinden und ob sich die Zellen normal entwickeln. Bei erwachsenen Frauen wird außerdem die Brust abgetastet. Mädchen, die regelmäßig Geschlechtsverkehr haben, sollten einmal im Jahr zur Untersuchung gehen. Wenn du die Pille einnimmst, den Vaginalring trägst oder mit einem Hormonpflaster verhütest, musst du jedes halbe Jahr zur Kontrolle zum Arzt. Er sollte sich

Auf Nummer sicher: Verhütung

vergewissern, dass du mit den Hormonen gut zurechtkommst und keine Nebenwirkungen auftreten.

Jungen gehen eher selten zu einer Ärztin oder einem Arzt für Männerkrankheiten. Mit ihrer Fruchtbarkeit oder Sexualität gibt es in diesem Alter Schwierigkeiten. Manchmal hat ein Junge eine Vorhautverengung oder einen Hoden-hochstand. Doch diese medizinischen Probleme werden bereits in der Kindheit behoben. Mädchen suchen viel öfter das Gespräch mit einem Frauenarzt oder einer Frauenärztin, denn die Tatsache, dass sie Kinder bekommen können, wirft viele Fragen auf. Und meist sind es die Mädchen, die sich um die Verhütung kümmern. Aber immer mehr Jungen begleiten ihre Freundin zum Beratungsgespräch.

Wie du dich vor einer Schwangerschaft schützt

Die Verhütung einer ungewollten Schwangerschaft ermöglicht es euch, einander sexuell kennen zu lernen, ohne dass ihr euch gleich für ein Leben lang aneinander binden müsst. Die Verhütung von ungewollten Schwangerschaften ist die Voraussetzung dafür, dass junge Mädchen eine Ausbildung machen und Frauen einen Beruf ausüben können. Diese bewusste Familienplanung ermöglicht aber auch Wunschkinder: Kinder können heute geboren werden, wenn die Eltern ihnen die besten Lebensbedingungen bieten können.

Verhütung beginnt schon vor dem ersten Geschlechtsverkehr. Zu einer Schwangerschaft kann es kommen, wenn die Eizelle auf ihrer Wanderschaft durch die Eileiter zu Gebärmutter auf eine Samenzelle trifft und von ihr befruchtet wird.

Du solltest einen Frauenarzt aufsuchen, wenn du

- Juckreiz in der Genitalgegend und Ausfluss hast,
- du Flecken im Höschen entdeckst, die nicht auf die Menstruation zurückzuführen sind,
- du Probleme beim Wasserlassen oder beim Stuhlgang hast,
- du Schmerzen im Unterleib hast oder äußerliche Veränderungen auftreten,
- du noch keine Röteln gehabt hast. Eine Frau, die keinen Abwehrschutz gegen eine Rötelninfektion hat, gefährdet bei einer Schwangerschaft ihr Baby. Mädchen sollten deshalb frühzeitig geimpft werden.
- du einen Freund hast, mit dem du schlafen möchtest,
- die Menstruation länger als zehn Tage dauert,
- die Perioden in sehr kurzen Abständen kommen,
- bei der Menstruation extrem viel Blut verloren geht,
- zwischen den Menstruationen Blutungen auftreten,
- starke Schmerzen auch außerhalb der Regel zu spüren sind,
- die Regel über längere Zeit ausbleibt,
- es bei der Verwendung von hormonellen Verhütungsmitteln zu Begleiterscheinungen wie Kopfschmerzen oder Sehstörungen kommt.

Das musst du beachten: Ein Mädchen kann auch dann schwanger werden, wenn sie während der Regel Geschlechtsverkehr hat, denn es kann ein

Auf Nummer sicher: Verhütung

erneuter Eisprung stattfinden. Auch beim Petting können bereits vor dem Höhepunkt winzige Mengen Samenflüssigkeit ausgetreten sein und eine Eizelle befruchten.

Jede Verhütungsmethode hat ihre Vor- und Nachteile. Entscheidend sind die Sicherheit und die einfache Handhabung eines Verhütungsmittels.

Die Verhütung mit Hormonen

Die Verhütung mit künstlichen Hormonen gilt heute als der sicherste und zuverlässigste Empfängnisschutz. Vor allem für junge Mädchen scheinen diese Verhütungsmaßnahmen wegen ihrer einfachen Anwendung am geeignetsten zu sein.

Zu diesen hormonellen Verhütungsmitteln zählen in erster Linie die Pille, der Vaginalring und das Verhütungspflaster. Du brauchst dafür ein Rezept von einem Arzt oder einer Ärztin. Wenn du noch keine 14 Jahre alt bist, kann es für dich noch schwierig sein, ein Rezept ohne die Einwilligung deiner Eltern zu bekommen. Bist du zwischen 14 und 16 Jahre alt, liegt es im Ermessen des Arztes, ob er dich geistig für reif genug hält, diese Entscheidung allein zu treffen. Bist du über 16, ist das alles kein Problem mehr. Der Arzt darf übrigens mit deinen Eltern nicht über dein Anliegen sprechen, wenn du das nicht möchtest. Er unterliegt der Schweigepflicht. Die Pille ist das älteste hormonelle Verhütungsmittel. Sie besteht aus den weiblichen Hormonen Östrogen und Gestagen und wirkt gleich dreifach:

1. Die Hormone bremsen den steuernden Einfluss des Gehirns auf die Eierstöcke. Es reifen keine Eizellen mehr heran.
2. Der Eisprung wird auf diese Weise unterdrückt. Der gesamte Zyklus der Frau besteht infolgedessen aus unfruchtbaren Tagen. Dadurch wird eine Befruchtung verhindert.
3. Die Hormone verfestigen den Schleim am Muttermund, sodass die Samenzellen nicht in die Gebärmutter gelangen können. Außerdem wird die Gebärmutterschleimhaut durch die künstlichen Hormone so verändert, dass sich kein befruchtetes Ei einnisten kann.

Die Pille ist ein hochwirksames Medikament mit möglichen schweren Nebenwirkungen – unter anderem auf Herz- und

Auf Nummer sicher: Verhütung

Auf einen Blick

Verhütungsmittel haben Vor- und Nachteile. Hier bekommst du einen kurzen Überblick über die gängigen Methoden.

Verhütungsmittel	So funktioniert es	Vorteile	Nachteile
Kombipille (Mikropille)	Verhindert den Eisprung, verändert Schleim und Schleimhaut in der Gebärmutter.	Sehr sicher. Einfach anzuwenden. Bei jungen Mädchen (momentan bis zum Alter von 20 Jahren) zahlt die Krankenkasse die Pille.	Man muss jeden Tag an Verhütung denken. Körperliche Nebenwirkungen sind möglich.
Minipille	Verändert Schleim und Schleimhaut in der Gebärmutter, so kommen Spermien nicht durch und ein befruchtetes Ei kann sich nicht einnisten.	Relativ sicher bei pünktlicher Einnahme.	Muss sehr pünktlich genommen werden, damit sie sicher ist. Körperliche Nebenwirkungen möglich.
Kondom	Verhindert, dass Sperma in die Scheide gelangt.	Wird nur bei Bedarf angewendet. Nicht gesundheitsschädlich. Kann man überall kaufen. Schützt vor Geschlechtskrankheiten.	Nicht immer sicher. Manche Paare empfinden Kondome als störend.
Diaphragma	Verhindert, dass Spermien in die Gebärmutter gelangen.	Nicht gesundheitsschädlich. Wird nur bei Bedarf angewendet.	Umständlich und nicht immer besonders sicher.
Chemische Mittel	Töten Spermien in der Scheide ab. Bilden eine „Schaumsperre".	Kann man überall kaufen.	Als alleiniges Verhütungsmittel nicht sicher. Können die Scheide oder den Penis reizen.
Hormonring	Gibt in der Scheide Hormone ab, verhindert wie die Mikropille den Eisprung.	Sobald der Ring in der Scheide liegt, muss man 3 Wochen lang nicht mehr an Verhütung denken.	Kann die Scheide reizen, stört manchmal beim Sex.
Koitus interruptus	Durch Herausziehen des Penis aus der Scheide vor dem Samenerguss soll verhindert werden, dass Sperma in die Scheide gelangt.	Keine.	Extrem unsicher, verdient den Namen Verhütung nicht.
Natürliche Verhütung	Durch Messung der Körpertemperatur werden die fruchtbaren und unfruchtbaren Tage bestimmt.	Sehr natürliche Methode ohne störende oder schädliche Nebenwirkungen. Kostet nichts.	Man muss sehr diszipliniert sein, jeden Tag die Temperatur zu messen und an den fruchtbaren Tagen nicht miteinander zu schlafen. Spontaner Sex ist an vielen Tagen des Zyklus nicht möglich.
Spirale	Die Gebärmutterschleimhaut wir verändert, sodass sich keine befruchtete Eizelle einnisten kann.	Ziemlich sicher. Wirkt mehrere Jahre lang.	Gefahr von Unterleibskrämpfen, starken Blutungen und Infektionen.

Auf Nummer sicher: Verhütung

Kreislauf. Deshalb muss sie ebenso wie die anderen hormonellen Verhütungsmittel vom Arzt verschrieben werden. Wenn du die Pille nimmst, solltest du dich jedes halbe Jahr untersuchen
lassen, damit es keine Komplikationen gibt. Es gibt eine ganze Reihe von verschiedenen Pillenpräparaten. Am häufigsten wird die sogenannte Mikropille verschrieben. Nur der Arzt kann entscheiden, welches Präparat das richtige für ein Mädchen ist.

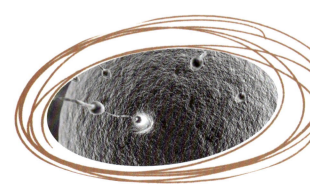

Vaginalring, Hormonpflaster und auch die Hormonspirale sind Weiterentwicklungen der Pille. Viele Frauen hatten sich darüber beklagt, dass sie jeden Tag daran denken müssen, eine Pille zur Verhütung einzunehmen. Deshalb hat man nach Möglichkeiten und Wegen gesucht, einfachere Lösungen zu finden.
Der Vaginalring besteht aus biegsamem Kunststoff, in den die Hormone eingelassen sind. Er wird für drei Wochen in die Scheide eingelegt. In diesen drei Wochen musst du nicht mehr an die Verhütung denken. Wenn die Blutung ansteht, wird er entfernt und danach ein neuer Ring eingelegt. Vorteil: Die Hormonmengen sind vergleichsweise niedrig. Die Wirkstoffe müssen nicht in der Leber abgebaut werden, sie wirken direkt an Ort und Stelle.
Das Hormonpflaster wird einmal wöchentlich gewechselt und an Oberarm, Po oder Bauch geklebt. Über die

Auf Nummer sicher: Verhütung

Haut gibt das Pflaster seine Hormone direkt in das Blut ab. Auch hier sind die Hormonmengen niedrig. Es gilt als sehr sicher. Nachteil: Es kann verloren gehen. Du musst also regelmäßig kontrollieren, ob es noch fest sitzt. Die Hormonspirale wird wie eine normale Spirale in die Gebärmutter eingelegt, wo sie kleine Mengen des Hormons Gestagen abgibt. Sie kommt mit relativ kleinen Hormonmengen aus und kann bis zu fünf Jahre liegen bleiben. Da die Spirale oft mit einer Dauerentzündung in der Gebärmutter verbunden ist, wird diese Methode jungen Mädchen nur in ganz seltenen Fällen empfohlen. Das gilt generell für die Spirale (auch Intra-Uterin-Pessar genannt), die ohne Hormone auskommt. Einmal in die Gebärmutter eingelegt, führt sie meist zu verstärkten Regelblutungen. Sie kann Entzündungen auslösen, die zu späterer Unfruchtbarkeit führen können.

Weitere hormonelle Verhütungsmittel sind das Hormonimplantat, die Minipille und die Drei-Monats-Spritze. Sie sind für junge Mädchen aber weniger geeignet. In der ersten Zeit muss sich der Körper an die Hormone gewöhnen. Bei niedrigen Hormonmengen kann es anfangs zu Zwischenblutungen kommen. Sie beeinträchtigen die Sicherheit nicht und verschwinden meist nach ein bis zwei Monaten wieder.

Auch alle anderen möglichen Begleiterscheinungen wie Übelkeit, Kopfschmerzen oder Brustspannen haben keine gesundheitliche Bedeutung und vergehen schnell wieder. Wenn dich etwas stört oder beunruhigt, solltest du bald mit deinem Arzt darüber sprechen.

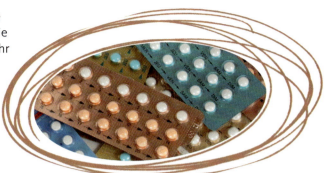

Die Nebenwirkungen der Hormone

Selbst das beste hormonelle Verhütungsmittel sollte nur von gesunden Mädchen und Frauen verwendet werden. Sie können unter Umständen gefährliche Auswirkungen auf Herz und Kreislauf haben. Der Arzt muss sich vor dem ersten Rezept davon überzeugen, dass keine Erkrankungen wie Bluthochdruck, Übergewicht, bestimmte Blut- und Leberleiden oder Diabetes vorliegen.
Eine ganz gefährliche Kombination sind hormonelle Verhütungsmittel und Rauchen. Nikotin kann allein schon schwere Schäden hervorrufen, denn es greift tief in deine körpereigene Hormonproduktion ein. Die Hormone verstärken das bereits vorhandene Risiko zusätzlich.

Das Kondom

Das Kondom ist eine der ältesten Verhütungsmethoden überhaupt. Es verhindert, dass sich Ei- und Samenzelle treffen und miteinander verschmelzen können. Lange Zeit war es das meistgebrauchte Mittel, um sich vor einer unerwünschten Schwangerschaft zu schützen. Es ist nach wie vor die einzige Methode, bei der der Mann aktiv an der Verhütung beteiligt ist. Der unschlagbare Vorteil des Kondoms

Auf Nummer sicher: Verhütung

ist, dass es gleichzeitig auch vor der Ansteckung mit sexuell übertagbaren Krankheiten schützt. Eine Kombination aus einem hormonellen Verhütungsmittel und dem Kondom ist deshalb empfehlenswert.

Das Kondom ist ein hauchdünner Gummischlauch, der vor dem Geschlechtsverkehr über das steife Glied gerollt wird. So wird der Samen des Mannes daran gehindert, überhaupt in die Scheide der Frau zu gelangen. Es gibt Kondome in vielen Ausführungen, Farben und Formen. Am häufigsten werden jedoch die schlichten durchsichtigen Kondome mit glatter Oberfläche und zylindrischer Form benutzt. Jedes Kondom ist mit einer Feuchtbeschichtung versehen und zusammengerollt einzeln in eine Folie eingeschweißt. Am sinnvollsten sind Kondome, die zusätzlich noch mit samentötenden Stoffen versehen sind. Leider gibt es eine große Zahl minderwertiger Kondome, die nicht sicher sind. Ihr solltet deshalb unbedingt Markenkondome verwenden. Wichtig ist es auch, auf das Haltbarkeitsdatum zu achten: Normalerweise sind Kondome nämlich nur begrenzt haltbar. Bei Automatenware darf die Packung nicht beschädigt sein.

Sicherer ist es auf alle Fälle, Kondome in der Apotheke oder Drogerie zu kaufen. Das Kondom ist als Verhütungsmethode auch für Jugendliche geeignet. Ihr müsst nichts vorbereiten (außer es dabei haben!), und es ist einfach zu benutzen, wenn ihr einige Regeln beachtet. Die wichtigste ist: In der Hosentasche oder Handtasche nützt das Kondom wenig! Es muss auch wirklich benutzt werden. Und zwar bei jedem Geschlechtsverkehr. Da bereits vor dem Samenerguss kleine Tropfen Samenflüssigkeit abgehen können, muss das Präservativ rechtzeitig über das erigierte Glied gerollt werden. Das heißt im Klartext: vor der ersten Berührung des Gliedes mit dem Scheideneingang. Beim Aufreißen der Packung solltet ihr darauf achten, dass der dünne Gummi nicht mit rissigen Fingernägeln beschädigt wird. Am Ende des Kondoms befindet sich ein sogenanntes Reservoir – eine kleine Kammer, in der die Samenflüssigkeit aufgefangen wird. Deshalb das noch zusammengerollte Kondom mit Zeigefinger und Daumen am Reservoir festhalten und so auf das Glied aufsetzen, dass das Röllchen außen ist, und dann mit der anderen Hand über das steife Glied abrollen. Das Reservekämmerchen darf nicht zu straff sitzen, damit ausreichend Platz für die Samenflüssigkeit bleibt.

Nach dem Samenerguss solltet ihr keinesfalls warten, bis das Glied schlaff wird. Das Kondom muss mit dem Gummiring am Gliedansatz festgehalten werden, damit es nicht abrutscht. Dann wird es mit dem Glied aus der Scheide herausgezogen. Da nach dem Abstreifen des Kondoms an den Händen noch Samenflüssigkeit sein kann, sollten Hände

Auf Nummer sicher: Verhütung

und Glied gewaschen werden. Dann könnt ihr hinterher noch folgenlos weiter schmusen. Ein Kondom dürft ihr übrigens immer nur einmal verwenden! Nach dem Gebrauch ab in die Mülltonne damit. In der Toilette hat ein gebrauchtes Kondom nichts zu suchen.

Verhütungskappe, Zäpfchen, Cremes

Die Verhütungskappe »LEA« ist ein kleines Kunststoffhütchen und wird durch die Scheide hindurch vor den Muttermund geschoben. Hier saugt sie sich fest, sodass die Samenzellen daran gehindert werden, zur Eizelle aufzusteigen. Wird die Verhütungskappe mit einem samentötenden Mittel zusammen angewendet, soll der Schutz vor einer Schwangerschaft recht hoch sein. Die Kappe kann bis zu 48 Stunden in der Scheide bleiben und ist leicht zu entfernen. Nach Gebrauch wird sie gewaschen und kann sechs bis zwölf Monate lang verwendet werden. Vorteil dieser Verhütungsmethode ist, dass sie rezeptfrei erhältlich ist und nur im »Bedarfsfall« angewendet werden muss. Sie ist also für Frauen geeignet, die nur selten Sex haben. Mädchen und junge Frauen sollten lieber auf Nummer sicher gehen. Die Verhütungskappe macht die gleichzeitige Verwendung eines Kondoms nicht überflüssig.

Die »FemCap« ist ebenfalls ein kleines Hütchen, das du in deine Scheide schieben musst, damit es deinen Gebärmuttermund abdichtet. An der Kappe befindet sich eine Schlaufe, mit der du sie wieder aus der Scheide herausziehen kannst. Es gibt die »FemCap« in drei Größen. Die für dich richtige sollte von

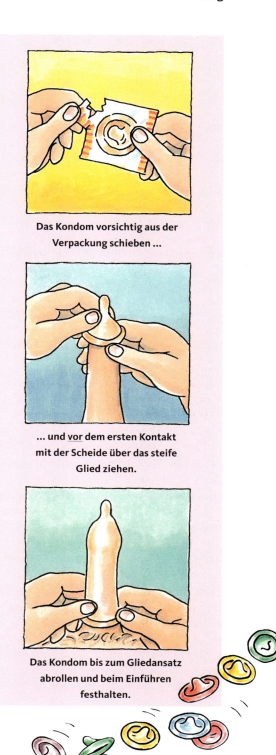

Das Kondom vorsichtig aus der Verpackung schieben ...

... und vor dem ersten Kontakt mit der Scheide über das steife Glied ziehen.

Das Kondom bis zum Gliedansatz abrollen und beim Einführen festhalten.

Auf Nummer sicher: Verhütung

geschultem Fachpersonal ausgewählt werden, denn das ist für die Sicherheit von großer Wichtigkeit. Sie sollte wie »LEA« immer gemeinsam mit samentötenden Mitteln angewendet werden. Den korrekten Sitz musst du mit den Fingern ertasten. Nach 48 Stunden sollte die Kappe wieder entfernt werden. Da die Kappe leicht verrutscht und auch schnell mal falsch angewendet wird, lässt sich über ihre Sicherheit nichts Verlässliches berichten.

Samentötende Schaumzäpfchen, Cremes und Gels sind sogenannte chemische Barrieremethoden. Sie werden vor dem Geschlechtsverkehr in die Scheide eingeführt. Durch die Körperwärme lösen sie sich auf und verteilen ihren samentötenden Wirkstoff. Die Schaumzäpfchen schäumen dabei besonders auf und sollen zusätzlich den Muttermund fest verschließen. Wichtig ist, dass diese Mittel den Wirkstoff Nonoxinol enthalten, der Samen und Krankheitserreger abtötet. Diese Mittel sind allerdings nicht besonders sicher und spielen deshalb heute keine große Rolle mehr.

Natürliche Verhütungsmethoden

Die sogenannten natürlichen Methoden der Verhütung werden vor allem von erwachsenen Frauen angewandt. Dazu zählen die Basaltemperatur- und die Schleimstrukturmethode. Sie sind nicht ganz einfach anzuwenden, erfordern viel Disziplin, haben aber auch viele Vorteile: Die Frau beobachtet die natürlichen Vorgänge und Schwankungen in ihrem Körper, um herauszufinden, wann die fruchtbaren Tage sind: Vor allem an der Körpertemperatur und am Sekret des Gebärmuttermundes kannst du feststellen,

Auf Nummer sicher: Verhütung

ob du einen Eisprung hast. In der Zeit um den Eisprung herum müsst ihr dann auf Geschlechtsverkehr verzichten oder auf andere Verhütungsmittel zurückgreifen. Diese Selbstbeobachtung kann jede Frau erlernen. Voraussetzung ist ein regelmäßiger Zyklus, ein regelmäßiges Leben und die Bereitschaft, sich jeden Tag sehr diszipliniert selbst zu kontrollieren. Und auch eine gewisse Erfahrung mit dem Körper ist wichtig. Die Sicherheit dieser natürlichen Verhütung hängt allein davon ab, wie gut du dich mit dir selbst auskennst.

Die Basaltemperaturmethode funktioniert so: Nachdem der Eisprung stattgefunden hat, erhöht sich die Körpertemperatur deutlich. Das lässt sich feststellen, wenn die Frau jeden Morgen vor dem Aufstehen immer zur gleichen Zeit ihre Körpertemperatur misst. Was sie gemessen hat, wird auf einem Formblatt eingetragen oder in einen Computer eingegeben. Die einzelnen Tageswerte ergeben eine Kurve, aus der sich rückwirkend die Zeit des Eisprungs ermitteln lässt. Damit keine Unsicherheiten entstehen, ist es dringend zu empfehlen, das Messen erst einmal zu üben und mit dem Arzt oder der Ärztin zu besprechen, was von den Werten zu halten ist. Wer sich bei dieser Methode von einem der modernen Babycomputer (in der Apotheke erhältlich) unterstützen lässt, bekommt vom Gerät mitgeteilt, was Sache ist. Grün bedeutet: Sex ohne Verhütungsschutz ist jetzt erlaubt. Rot heißt: Kein Sex ohne Schutz!

Die Schleimstrukturmethode: Über den gesamten Zyklus hinweg beobachtet die Frau, wie sich der Schleim verändert, der den Gebärmuttermund normaler-

weise fest verschließt. Er verflüssigt sich zur Zeit des Eisprungs und ist dann am feuchten Scheideneingang spürbar. Auch die Beschaffenheit des Sekrets verändert sich: Direkt vor dem Eisprung ist der Schleim flockig und dicht.

Wenn dieser klare und ziehbare Schleim auftritt, ist höchste Alarmstufe: Dann heißt es, entweder kein Geschlechtsverkehr oder zusätzlich ein anderes Verhütungsmittel verwenden, zum Beispiel Kondom oder Diaphragma. Von Experten wird heute dringend empfohlen, auf

Auf Nummer sicher: Verhütung

jeden Fall immer Temperatur- und Schleimbeobachtungsmethode zu kombinieren. Nur wenn die Frau dies wirklich gut beherrscht, ist die natürliche Verhütungsmethode relativ zuverlässig.
Eine »Verhütungsmethode«, die keine ist: Das ist die Rückzieher-Methode, medizinisch Coitus interruptus genannt.
Der Mann zieht kurz vor dem Höhepunkt sein Glied aus der Scheide der Frau heraus. Diese Methode bietet praktisch überhaupt keine Sicherheit, weil schon vor dem eigentlichen Samenerguss winzige Mengen Samenflüssigkeit abgehen.

Die Sterilisation

Die Sterilisation ist die sicherste Verhütungsmethode, die wir kennen. Bei der Frau werden die Eileiter durchtrennt, beim Mann die Samenleiter.
Die Operation, mit der Männer und Frauen unfruchtbar gemacht werden können, setzt der Möglichkeit, Kinder zu bekommen, ein generelles Ende.
Sie ist deshalb nur etwas für Ältere. Sie müssen wirklich fest entschlossen sein, keine Kinder mehr haben zu wollen. Die Operation lässt sich in der Regel nicht wieder rückgängig machen.

Die Pille danach: Schnelle Hilfe

Habt ihr trotz aller Vorsorge in der Zeit des Eisprungs ungeschützten Verkehr gehabt oder ist euch das Kondom geplatzt, gibt es als Notlösung die »Pille danach«. Sie muss spätestens 76 Stunden nach dem ungeschützten Verkehr eingenommen werden. Die »Pille danach« ist ein hormonelles Verhütungsmittel, das ähnlich wie die Pille funktioniert. Durch die Einnahme dieser Hormone lässt sich die Einnistung einer möglicherweise befruchteten Eizelle noch verhindern. Etwa fünf bis sechs Tage braucht sie für ihren Weg in die Gebärmutter, wo sie sich einnisten will. Deshalb muss die »Pille danach« 24 bis maximal 76 Stunden nach dem Geschlechtsverkehr eingenommen werden.
Du brauchst für diese Notfallpille das Rezept eines Arztes. Das kann deine Gynäkologin oder dein Gynäkologe sein, aber auch dein Hausarzt oder ein anderer Arzt deines Vertrauens. Am Wochenende, feiertags oder mitten in der Nacht bekommst du das Rezept auch beim ärztlichen Notdienst oder in der gynäkologischen Ambulanz der nächsten Klinik.
Die Einnahme der Hormone kann mit einigen Begleiterscheinungen wie Übelkeit verbunden sein. Schlimme Gesundheitsrisiken sind jedoch nicht bekannt. Medizinisch spricht auch nichts dagegen, wenn du die »Pille danach« öfter verwendest. Allerdings ist sie als reguläres Verhütungsmittel nicht geeignet.
Da gibt es bessere Methoden, von denen ihr spätestens jetzt eine aussuchen solltet.

Schwanger – was nun?

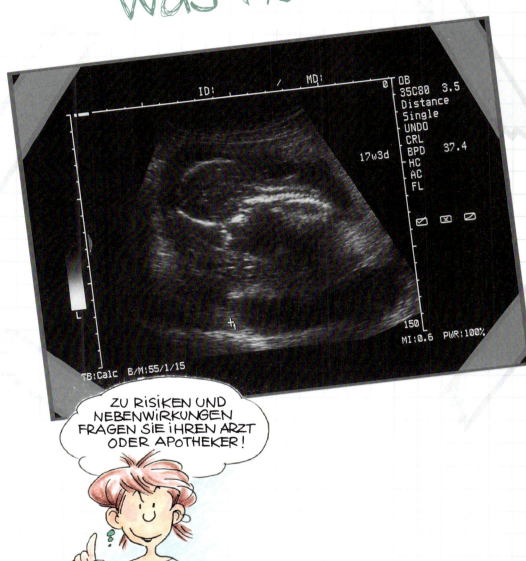

ZU RISIKEN UND NEBENWIRKUNGEN FRAGEN SIE IHREN ARZT ODER APOTHEKER!

Schwanger – was nun?

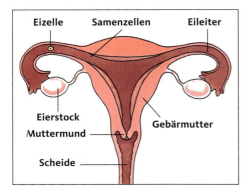

In der Pubertät werden aus Mädchen Frauen und aus Jungen Männer. Alle körperlichen Veränderungen dienen der Fruchtbarkeit: Sobald Mädchen ihre erste Regel haben und Jungen ihren ersten Samenerguss, könnten sie im Prinzip schon Eltern werden. Deshalb ist es wichtig, sich schon vor »dem ersten Mal« mit der Verhütung einer Schwangerschaft auseinanderzusetzen.

Erst seit es sichere Verhütungsmethoden gibt, ist es möglich, sich ganz bewusst für oder gegen Kinder zu entscheiden. Junge Mädchen und Frauen bestimmen selbst, ob sie Kinder möchten oder wann sie sich reif dafür fühlen. Denn ein Baby braucht Eltern, die bereit und in der Lage sind, sich ihm verantwortungsvoll und mit Liebe zuzuwenden.

Die Befruchtung

Wenn du zum Zeitpunkt des Eisprungs Geschlechtsverkehr ohne einen Verhütungsschutz hast, kann es zu einer Schwangerschaft kommen. Wenn die Eizelle reif genug ist, springt sie vom Eierstock in den Eileiter. Dann beginnen die fruchtbaren Tage der Frau. Die Reise der Eizelle durch den Eileiter in die Gebärmutter dauert etwa vier Tage. Auf diesem Weg kann sie von der Samenzelle eines Mannes befruchtet werden.

Bei einem Samenerguss gelangen Millionen von Samenzellen in die Scheide der Frau. Nur das schnellste Spermium schafft es, in die viel größere Eizelle einzudringen und sie zu befruchten. Sobald einer Samenzelle der Durchbruch gelungen ist, verschmelzen die beiden Zellen miteinander. Dann beginnt ein rasantes Wachstum. Die befruchtete Eizelle teilt sich nun unaufhörlich, sodass erst vier Zellen entstehen, dann acht, dann sechzehn und so fort, bis sich ein kleiner Zellhaufen gebildet hat. Währenddessen wandert die Zellkugel in die Gebärmutter, wo sie sich etwa eine Woche nach der Befruchtung in der gut ausgepolsterten Gebärmutter für die Zeit der Schwan-

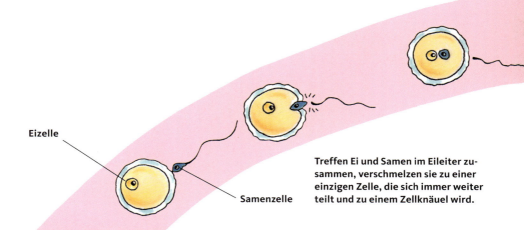

Treffen Ei und Samen im Eileiter zusammen, verschmelzen sie zu einer einzigen Zelle, die sich immer weiter teilt und zu einem Zellknäuel wird.

Schwanger – was nun?

gerschaft einnistet. Das sogenannte Schwangerschaftshormon HCG meldet dem Gehirn die Einnistung der Zellkugel. Allmählich stellen sich die ersten Anzeichen für eine Schwangerschaft ein: Das wichtigste Zeichen ist das Ausbleiben der Monatsblutung. Während einer Schwangerschaft ruht der Zyklus.

Wenn du den Verdacht hast, du könntest schwanger geworden sein, solltest du dir so schnell wie möglich Klarheit verschaffen. Denn im Falle einer Schwangerschaft muss in kurzer Zeit vieles bedacht und entschieden werden. Ist dir das Baby willkommen, willst du dich bestimmt schnell darauf einrichten und vor allem so gesund wie möglich leben. Hast du Probleme damit, solltest du dich so rasch wie möglich beraten lassen. In einer Beratungsstelle – egal ob von einem staatlichen, kirchlichen oder freien Träger – findest du Menschen, die erfahren sind mit solchen Situationen und die dir ohne Vorurteile zur Seite stehen. Völlig unabhängig davon, wie deine Entscheidung ausfallen wird, werden sie dir mit allen wichtigen Informationen helfen.

Anzeichen für eine Schwangerschaft

- morgendliche Übelkeit,
- Spannungsgefühl in den Brüsten,
- dunklere Brustwarzen,
- vermehrter Ausfluss aus der Scheide,
- plötzliche Lust auf bestimmte Speisen,
- plötzliche Abneigung gegen bestimmte Lebensmittel,
- eigenartiger Geschmack im Mund,
- Müdigkeit,
- verstärkter Harndrang.

Doppelgänger

Ab und zu reifen gleichzeitig zwei (oder noch mehr) Eizellen heran. Wenn sie alle befruchtet werden, entstehen zweieiige Zwillinge (oder Drillinge oder Vierlinge …). Es kann aber auch passieren, dass die befruchtete Eizelle sich in zwei Hälften teilt und dass daraus zwei Babys heranwachsen. Das sind dann eineiige Zwillinge, die immer dasselbe Geschlecht haben und sich sehr ähnlich sind.

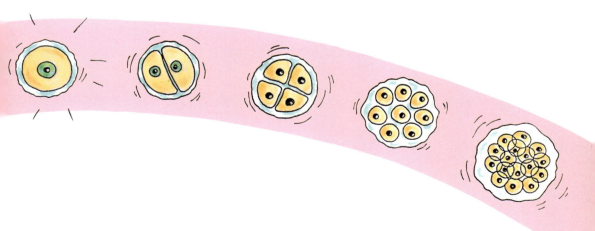

Schwanger – was nun?

Der Schwangerschaftstest

Es gibt eine Reihe von Schwangerschaftstests, mit denen du zu Hause relativ schnell und sicher Klarheit bekommst. Bereits am Tag der ausgebliebenen Regel zeigen sie zuverlässig an, ob du schwanger bist. Du kannst diese Tests in der Apotheke rezeptfrei kaufen. Ein Schwangerschaftstest weist das Schwangerschaftshormon HCG in deinem Urin nach. Dieses wird gebildet, sobald sich die kleine Zellkugel in deiner Gebärmutter eingenistet hat.

Ein moderner Schwangerschaftstest ist hundertprozentig sicher, wenn er richtig gemacht wird. Und es gibt kaum etwas, was du falsch machen kannst. Wenn du ein positives Ergebnis erhältst, bist du sicher schwanger. Auch wenn das Ergebnis negativ ist, solltest du den Test in ein paar Tagen noch einmal machen. Dann ist im Falle einer Schwangerschaft die HCG-Menge in deinem Blut höher. Deswegen werden die Tests auch meist im Zweierpack angeboten.

Du kannst aber auch bei einem Frauenarzt oder einer Familienberatungsstelle einen Test vornehmen lassen. Es dauert 24 Stunden, bis das Ergebnis vorliegt. Dieser Test ist für dich kostenlos.

Ein weiterer Vorteil: Du kannst dich vor Ort gleich beraten lassen, was du nun unternehmen musst.

Das Baby wächst

Die Entwicklung von der befruchteten Eizelle bis zur Geburt des Kindes dauert etwa 266 Tage. Das sind rund neun Monate. Die Geburt ist etwa zehn Tage vor dem errechneten Ende der Schwangerschaft und zehn Tage danach zu erwarten.

In den ersten drei Monaten entwickeln sich die Organe und die Gliedmaßen des Ungeborenen. In dieser Zeit können Krankheiten der Mutter oder Störungen von außen schwere Folgen haben. Bis zum dritten Schwangerschaftsmonat wird das werdende Kind Embryo genannt, danach nennt die Medizin es Fötus.

Das Baby schwimmt im Wasser der Fruchtblase in der Gebärmutter. So ist es gut geschützt und weich gepolstert. Über die Nabelschnur sind mütterlicher und kindlicher Blutkreislauf miteinander verbunden. Über die Nabelschur nimmt das Baby alles auf, was die Mutter zu sich nimmt. Deshalb müssen Schwangere einen besonders großen Bogen um Alkohol, Nikotin, Drogen und Medikamente machen.

Der sogenannte Mutterkuchen versorgt das Baby mit Sauerstoff und Nährstoffen. Das Kind gibt über die Nabelschnur die Abbauprodukte seines Stoffwechsels an die Mutter ab.

Mit der Zeit entwickeln sich die einzelnen Organe, die Nerven und die Muskeln. Der »Bauplan«, nach dem sie sich ausbilden, ist in der Erbsubstanz festgelegt. Alle Eigenschaften sind im Wesent-

Schwanger – was nun?

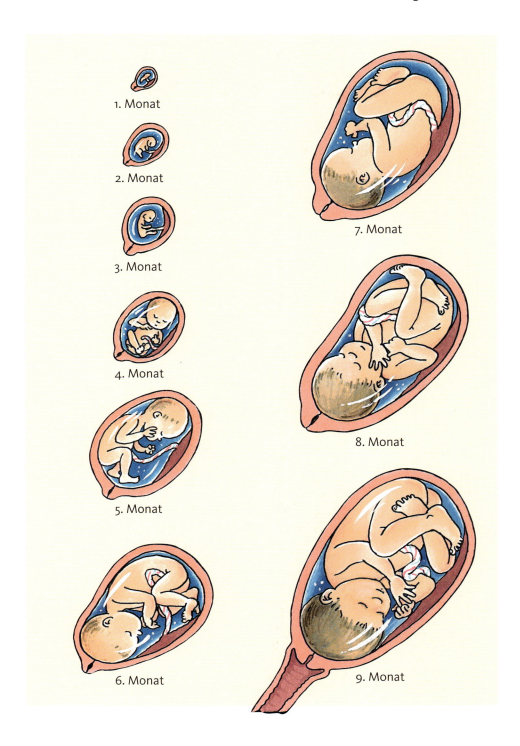

Schwanger – was nun?

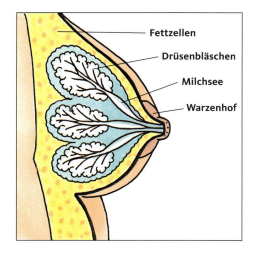

Fettzellen
Drüsenbläschen
Milchsee
Warzenhof

lichen durch die Erbanlagen bestimmt, wie zum Beispiel Haar- und Augenfarbe, Gesichts- und Körperform und die Körpergröße. Durch die Bauchdecke der Mutter nimmt das Baby Geräusche von außen und Lichtveränderungen wahr. Seine Bewegungen kann die Mutter ab etwa dem 5. Monat spüren.

Die Geburt

Zum Zeitpunkt der Geburt ist ein Kind etwa 50 Zentimeter lang und wiegt zwischen und 3 und 4 Kilogramm.
Die meisten Babys liegen nun mit dem Kopf nach unten im Bauch der Mutter. Ist ein Baby reif für die Geburt, ziehen sich die Muskeln der Gebärmutter immer wieder und immer stärker zusammen. Das sind die Wehen. Mit jeder Wehe wird das Baby in Richtung Scheide gedrückt. Der Muttermund öffnet sich nach und nach, bis er einen Durchmesser von 10 Zentimetern hat. Jetzt passt der Kopf des Babys durch und mit sehr viel Kraft presst die Mutter das Kind durch die Scheide. Dann macht das Baby seinen ersten Atemzug. Die Nabelschnur wird durchtrennt. Das tut dem Kind nicht weh. Bevor es untersucht und gebadet wird, bleibt das Neugeborene einige Zeit bei seiner Mutter. Sie ist ihm schon vertraut, denn es kennt ihre Stimme aus der Zeit im Mutterleib. Die Geburt ist eine Höchstleistung für Mutter und Kind. Sie ist der einzige natürliche Vorgang im Leben des Menschen, der mit zum Teil starken Schmerzen verbunden sein kann. Denn der Kopf des Babys ist ziemlich groß und die Geburtswege sind relativ eng. Doch je besser sich die werdende Mutter vorher mit Entspannungs- und Atemübungen darauf vorbereitet hat, desto weniger anstrengend ist es für sie. Die meisten Frauen vergessen die Schmerzen der Geburt, sobald sie ihr Kind im Arm halten. Nach der Geburt ist es fast jeder Frau möglich, ihr Baby zu stillen. Während der Schwangerschaft haben sich in der Brust die Milchdrüsen ausgebildet. In ihnen wird normalerweise so viel Milch produziert, wie das Kind braucht. Auch der Milcheinschuss in die Brust wird durch das Gehirn gesteuert. Je größer der Saugreiz des Babys, desto mehr Milch wird gebildet.

Die Entscheidung

Bist du unverhofft schwanger geworden, befindest du dich wahrscheinlich in einer ganz besonders schwierigen Situation. Das Beste ist es deshalb auf alle Fälle, so schnell wie möglich mit einer Vertrauensperson darüber zu sprechen. Wenn du Angst davor hast, mit deinen Eltern zu reden, kannst du dich den Fachleuten einer Beratungsstelle anvertrauen. Hab keine Scheu davor. Diese Menschen sind dazu da, um dir zu helfen und dir alle Informationen zu geben, die du jetzt

Schwanger – was nun?

brauchst. Je früher du dich beraten lässt, desto mehr Zeit hast du zum Nachdenken. Aber auch mit deinen Eltern solltest du möglichst bald reden. Was für ein Mädchen in dieser Situation die beste Lösung ist, kann kein Außenstehender wirklich beurteilen. Die persönliche Entscheidung für oder gegen ein Kind muss ja auch mit Blick auf die Partnerschaft, die Zukunftsaussichten, Wünsche und beruflichen Pläne getroffen werden. Sicher ist auch, dass du dich zu nichts zwingen lassen musst, weder zu einer Abtreibung noch zum Austragen des Kindes, zu einer überstürzten Heirat oder einer Adoption.

Ein Baby eignet sich auch nicht als Druckmittel gegenüber dem Vater des Kindes. Auch er sollte sich zu keiner Entscheidung zwingen lassen. Es wäre allerdings wünschenswert, dass sich dein Partner verantwortlich fühlt und dich in dieser Situation nicht allein lässt.

Schwangerschaftsabbruch

Falls du die Schwangerschaft nicht aufrechterhalten kannst, sollte der Abbruch so schnell wie möglich gemacht werden. Ein Schwangerschaftsabbruch in den ersten zehn bis zwölf Wochen ist am wenigsten mit Gesundheitsschäden verbunden.

Ein Schwangerschaftsabbruch ist an einige gesetzliche Vorschriften gebunden: In der Bundesrepublik Deutschland darf eine Abtreibung, von wenigen Ausnahmen abgesehen, nur bis zur zwölften Schwangerschaftswoche vorgenommen werden.

Es ist Vorschrift, dass sich eine Schwangere vor einem Abbruch ausführlich beraten lassen muss. Dabei wirst du darüber informiert, welche Hilfen es für dich gibt, wenn du das Baby bekommen möchtest. Für den Schwangerschaftsabbruch wird eine schriftliche Bestätigung der Beratung für den Arzt benötigt. Der Abbruch darf frühestens am vierten Tag nach dem Beratungsgespräch stattfinden.

Beim Schwangerschaftsabbruch wird unter lokaler Betäubung der Muttermund vorsichtig geweitet und das Gewebe abgesaugt. Dieser Eingriff dauert etwa zehn Minuten. Danach musst du etwas ruhen. Dann kannst du nach Hause.

Schwanger – was nun?

In den nächsten Tagen solltest du dich schonen. Nach einer Woche ist eine Nachkontrolle nötig. Oder es wird innerhalb von 49 Tagen nach der letzten Regelblutung eine Abtreibungspille eingesetzt. Ihr Wirkstoff unterdrückt ein für die Schwangerschaft notwendiges Hormon. Gleichzeitig wird ein wehenförderndes Mittel verabreicht. 36 bis 48 Stunden nach der Einnahme zieht sich die Gebärmutter zusammen, und der Embryo wird abgestoßen. Die Einnahme dieser Tabletten muss beim Arzt erfolgen. Der operative Eingriff gilt als etwas riskanter, der medikamentöse als beschwerlicher.

Eine Abtreibung ist niemals eine Lappalie. Die meisten Frauen müssen in einer solchen Situation mit einem Chaos von Gefühlen und Überlegungen fertig werden. Auch ein schlechtes Gewissen oder religiöse Gründe können diese Entscheidung sehr quälend werden lassen.

Eine Abtreibung bedeutet nicht, dass eine Frau keine Kinder mehr bekommen kann, dass sie Kinder hasst und keine haben will, dass sie ihren Partner nicht liebt oder dass sie ein schlechter Mensch ist und Abtreibungen gut findet. Selbst wenn der Eingriff in diesem Moment eine Erleichterung bedeutet, so heißt das nicht, dass die Frau hinterher keine seelischen Probleme bekommen kann. Auch aus diesem Grund sind die Beratungsgespräche so wichtig. Du solltest sie auch hinterher unbedingt in Anspruch nehmen, wenn du das möchtest.

Ein Schwangerschaftsabbruch ist immer ein Grund, die Verhütung künftig besser zu regeln.

Wenn Sex krank macht

Wenn Sex krank macht

Neben Aids gibt es eine Reihe von Krankheiten, die beim Geschlechtsverkehr übertragen werden können. Wenn du mit wechselnden Partnern Sex hast, läufst du Gefahr, dich und andere damit anzustecken. Die Zahl der sexuell übertragbaren Krankheiten hat in den letzten Jahren bei jungen Leuten unter 20 Jahren deutlich zugenommen.

Die Geschlechtskrankheiten Gonorrhöe (Tripper) und Syphilis galten wegen des mecizinischen Fortschritts als weitgehend ausgestorben. Doch allein in den letzten vier Jahren hat sich die Zahl der Infizierten verdoppelt.

Durch den Gebrauch von Kondomen kann man verhindern, dass man sich ansteckt. Auch die gefürchtete Aids-Infektion hat nichts von ihrem Schrecken verloren, denn sie breitet sich ebenfalls wieder verstärkt aus.

Häufige Infektionen

Die Ärzte kennen insgesamt etwa 20 verschiedene sexuell übertragbare Erkrankungen. Dazu gehören Gonorrhöe (Tripper), Syphilis, Herpes genitalis, Chlamydieninfektionen, Trichomonaden und Pilzerkrankungen der Scheide. Sie können unangenehme Beschwerden verursachen, aber auch schwere Langzeitfolgen und sogar Unfruchtbarkeit. Krankheiten wie Aids und Syphilis befallen den ganzen Körper und sind lebensgefährlich.

Häufig treten mehrere Infektionen gleichzeitig auf. Alle Krankheitskeime müssen einzeln vom Arzt festgestellt und behandelt werden. Wenn du den Verdacht hast oder bereits erste Anzeichen einer Ansteckung bei dir feststellst, scheue dich nicht, den Arzt aufzusuchen.

Symptome für eine Ansteckung mit einer sexuell übertragenen Krankheit

- leichter bis starker, auch übel riechender Ausfluss,
- Brennen und Jucken in der Scheidengegend oder am Glied und am Darmausgang,
- Schmerzen beim Wasserlassen
- unklare Schmerzen im Unterbauch
- wiederholt Schmerzen und Brennen beim Geschlechtsverkehr,
- Fieber,
- und nach Sex mit dem Mund: Brennen, Schmerzen und Ausfluss im Mund.

Es gibt Medikamente, mit denen dir schnell und wirksam geholfen werden kann. Der oder die Partner sollten ebenfalls behandelt werden, damit es nicht zu einer erneuten Ansteckung kommt. Du kannst dich hauptsächlich bei direkten sexuellen Berührungen anstecken, also beim Geschlechtsverkehr, aber offenbar auch beim Küssen im Intimbereich oder beim Petting. Auch das Herpesvirus ist übrigens auf diese Weise übertragbar. Eine Ansteckung mit dem Herpesvirus kann auch zu Bakterien- und Pilzinfektionen führen.

Die meisten Erreger sterben jedoch außerhalb des Körpers relativ schnell ab, deshalb ist eine Übertragung auf indirektem Weg – etwa durch Toilettenbrillen oder gemeinsames Benutzen von Gläsern – nicht möglich. Um dich nicht mit einer sexuell übertragbaren Krankheit anzustecken, musst du dich natürlich unbedingt vor der Gefahr schützen. Dafür gibt es zwei Möglichkeiten:

Du und dein Partner oder deine Partnerin seid nicht infiziert und einander sexuell absolut treu. Ein Test beim Arzt oder einer Beratungsstelle gibt Aufschluss darüber, ob eine Infektion mit dem Aids-Virus vorliegt oder nicht.
Die sicherste Methode ist, bei jedem sexuellen Kontakt ein Kondom zu verwenden. Wer sexuellen Kontakt mit mehreren Partnern hat – gleichzeitig oder nacheinander – sollte unter allen Umständen darauf bestehen, dass ein Kondom verwendet wird. Vorteil: Gleichzeitig ist es auch ein relativ sicheres Verhütungsmittel, vorausgesetzt, ihr wendet es richtig an.
Etwa 60 bis 70 Prozent aller Frauen tragen das Humane Papillom-Virus (HPV) in sich, das Genitalwarzen auslöst. Bei 98 Prozent aller Frauen, die an Gebärmutterhalskrebs leiden, finden sich diese Warzenviren. Für junge Mädchen gibt

103

Wenn Sex krank macht

es seit kurzer Zeit die Möglichkeit, sich gegen das HP-Virus impfen zu lassen. Das sollte noch vor dem ersten Geschlechtsverkehr passieren. Die Impfung ist noch neu und wird sich erst noch bewähren müssen.

Aids – immer noch ein Sonderfall

Aids (acquired immune deficiency syndrome = erworbene Abwehrschwäche) ist das Endstadium einer Infektion mit HIV (Humanes Immundefizienz-Virus). Das Virus ist sehr ansteckend und bringt die körpereigene Krankheitsabwehr zum Erliegen. Nicht bei jedem mit Aids-Infizierten bricht die Krankheit voll aus. Jeder Mensch wird zu jeder Sekunde von einer Vielzahl von Krankheitserregern belagert. Normalerweise wird er damit spielend fertig, denn das Immunsystem schützt ihn. Das ist ein ausgeklügelter Alarm- und Abwehrmechanismus des Körpers. Behandelt sich der Mensch selbst pfleglich, geht es auch der Immunabwehr gut. Falsche Ernährung, Nikotin, Alkohol, Stress, Kummer und Ärger beispielsweise schaden ihr.

Die Aids-Erreger nisten sich ausgerechnet in den Zellen des Abwehrsystems ein, vermehren sich in ihnen und vernichten sie. Sie zerstören das Immunsystem von innen heraus, sodass es nicht mehr gegen krankmachende Einflüsse wirksam werden kann. Was gesunden Menschen

Wenn Sex krank macht

Ansteckungsgefahr

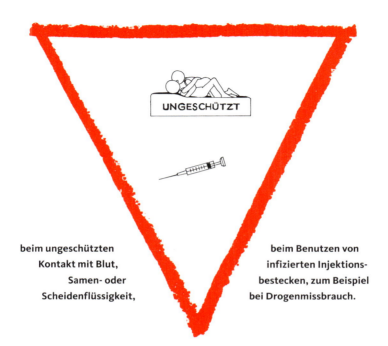

beim ungeschützten Kontakt mit Blut, Samen- oder Scheidenflüssigkeit,

beim Benutzen von infizierten Injektionsbestecken, zum Beispiel bei Drogenmissbrauch.

nichts ausmacht, kann für Aids-Kranke zur Katastrophe werden – beispielsweise eine Erkältung, eine Bindehautentzündung oder eine Bronchitis.
Die schwere Krankheit ist bisher nicht heilbar. Doch durch hochwirksame Medikamente kann man das Ausbrechen der Krankheit hinauszögern. Es wird fieberhaft an neuen Arzneien und Impfstoffen geforscht.
Auch die Tests zum Nachweis von HIV werden ständig verbessert, sodass rascher ein eindeutiges Ergebnis vorliegt. Entscheidend ist, dass jeder Infizierte – ob er von seiner Erkrankung weiß oder nicht – andere Menschen anstecken kann. Nur ein Test auf Aids-Viren oder Aids-Antikörper gibt Aufschluss darüber, ob jemand infiziert ist. Jeder, der mit mehr als einem anderen Menschen Geschlechtsverkehr hat, sollte den Test auf eine Aids-Ansteckung machen.
Ob du dich angesteckt hast oder nicht, merkst du nicht.
Denn das Virus schlummert lange in den Zellen des Abwehrsystems, ohne sich bemerkbar zu machen. Wann immer du befürchtest, du könntest dich angesteckt haben oder wenn du Klarheit haben möchtest, wende dich an einen Arzt oder eine Beratungsstelle und lasse einen Aids-Test machen. Das ist auch besser als der Aids-Schnelltest für zu Hause, der keine sicheren Ergebnisse liefert.

Wenn Sex krank macht

Das Aids-Virus findet sich vor allem in Sperma, Blut (auch Menstruationsblut), Scheidenflüssigkeit und Wundsekreten. Geschlechtsverkehr mit infizierten Personen ist der Hauptübertragungsweg für Aids. Schon ein einziger Kontakt mit einem Infizierten soll für eine Ansteckung ausreichen.
Andere Geschlechtskrankheiten, vor allem Syphilis, oder Verletzungen erhöhen die Ansteckungsgefahr. Auch Drogensüchtige, die gemeinsam ein Injektionsbesteck verwenden, sind hochgradig gefährdet.

Wie kannst du dich schützen?

Da du mit letzter Sicherheit nie sagen kannst, mit wem ein Partner/eine Partnerin von dir bereits Sexualverkehr hatte, musst du auf jeden Fall selbst für deinen Schutz sorgen.
Die wichtigste Schutzmaßnahme ist das Verwenden eines Kondoms. Markenkondome verhindern die Ansteckungsgefahr vor allem in Verbindung mit samentötenden Substanzen. Es gibt spezielle Kondome, deren Reservoir bereits eine ausreichende Menge dieses Mittels enthalten. Das Kondom ist gleichzeitig ein Verhütungsmittel. Am sichersten ist es, wenn ihr den Schutz vor einer Ansteckung und den Schutz vor einer ungewollten Schwangerschaft getrennt bedenkt und zur Sicherheit zwei Methoden anwendet.
Das Wichtigste ist aber, dass ihr das Kondom ausnahmslos immer und vor allem richtig anwendet. Es kann nicht schaden, den Umgang mit dem Kondom mal zu üben. Im Umgang mit Infizierten hast du nichts zu befürchten. Die Nähe zu Aids-Infizierten oder -Kranken ist mit keinem Risiko verbunden. Ist der erkrankte Mensch gut mit virushemmenden Medikamenten versorgt und sind die Viren in seinem Blut zurückgedrängt, gilt er nach den neuesten wissenschaftlichen Erkenntnissen als kaum noch ansteckend.

Uns geht's gut

Uns geht's gut

In welchem Maß du dein Leben unbeschwert genießen kannst, hängt vor allem von deiner Gesundheit ab. Sie wird sowohl von deinen genetischen Anlagen bestimmt als auch von deiner Umwelt. Du entscheidest aber zum großen Teil selbst, wie du mit dir und deinem Körper umgehst und ob du vielleicht heute schon den Grundstein für Krankheiten von morgen legst.
Schädlich für deine Gesundheit sind:
- falsche Ernährung
- zu wenig Bewegung
- Stress und Überlastung
- zu wenig Entspannung
- Übergewicht
- Drogen
- Nikotin
- Medikamentenmissbrauch
- Alkohol

Du bist, was du isst

Für deine Gesundheit und dein Wohlbefinden ist die Ernährung so wichtig wie regelmäßige Bewegung. Ein großer Teil der Krankheiten, die uns heute am meisten bedrohen – etwa Herz- und Kreislauferkrankungen oder Krebs – sind auch auf falsche Ernährung zurückzuführen. Richtig zusammengestellte Nahrung hält gesund, macht schlank und fit.

Gerade in der Wachstumsphase sollten sich Jugendliche besonders ausgewogen ernähren. Ihre bevorzugten Nahrungsmittel gehören nicht gerade zu den Top Ten der empfehlenswerten Speisen: Hamburger, Colagetränke, Chips, Popcorn, Schokolade, Nougatcremes, Weißbrot und Kuchen gehören so selten wie möglich auf deinen Speisezettel.
Sie enthalten wenig wertvolle Nährstoffe, zu wenig Vitamine, Mineralstoffe und Ballaststoffe. Dafür bringen sie aber viel Fett, Zucker und Kalorien mit. Diese Art von Ernährung führt zu einem schlechten Hautbild, schlappen Haaren und Speckrollen auf den Hüften. Vor allem deiner Figur zuliebe lohnt sich die Umstellung auf gesündere Nahrung.
Unsere Urahnen ernährten sich zu fast achtzig Prozent von pflanzlichen Nahrungsmitteln. Da ihre Speisen nicht so

Uns geht's gut

aufwendig bearbeitet wurden, wie es bei uns heute der Fall ist, enthielten sie sehr viel mehr Vitamine, Mineralstoffe und Ballaststoffe als unsere Lebensmittel. So konnte ein starkes und gesundes Knochengerüst gebildet werden, das nicht so anfällig für Brüche war wie unsere Knochen heute. Zudem mussten sich unsere Vorfahren wesentlich mehr bewegen, um überhaupt etwas auf den Teller zu bekommen.

Auf fast ideale Weise entsprach die alte Ernährungsweise den Empfehlungen, die heute von Experten ausgegeben werden: Fünf Portionen Obst, Gemüse und Salat solltest du am Tag essen.

Außerdem brauchst du möglichst viele hochwertige, ballaststoffreiche Kohlenhydrate. Sie stecken vor allem in Vollkornprodukten, Getreidekörnern, Hülsenfrüchten, Gemüse, Obst und Kartoffeln. Vor allem Getreide enthält fast alles, was der Mensch zum Leben braucht: Eiweiß, Stärke, Wasser, Fett, Ballast- und Mineralstoffe. Außerdem befinden sich im Getreide viele lebenswichtige Vitamine, vor allem die der B-Gruppe, die für deine Nerven wichtig sind, sowie Substanzen, die im Körper die Ausschüttung von Gute-Laune-Stoffen anregen. Auch hochwertiges Eiweiß aus Fisch und magerem Fleisch ist wichtig für dich. Du solltest keinesfalls auf Fleisch verzichten. Denn darin sind wertvolle Vitamine und Vitalstoffe enthalten, die du für deine Entwicklung brauchst. Am besten ist Bio-Fleisch – sowohl was deine Ernährung als auch den Tierschutz angeht. Milchprodukte wie fettarme Milch, Buttermilch, Joghurt, Quark und Käse liefern das für deinen Knochenaufbau so wichtige Kalzium. Auf Fett darfst du keinesfalls gänzlich verzichten, denn auch dieses ist lebenswichtig für deinen Organismus. So kann dein Körper beispielsweise mit einer Reihe von Vitaminen gar nichts anfangen, wenn du nicht etwas Fett dazu isst. Am besten sind gesunde pflanzliche Öle mit einem großen Anteil an ungesättigten Fettsäuren, zum Beispiel Oliven- und Rapsöl. Um zucker- und weißmehlhaltige Nahrungsmittel schlägst du besser einen Bogen. Dazu zählen auch Limonaden – egal ob in der Zucker- oder in der Süßstoffversion. Sie machen beide dick und enthalten kaum etwas, was dein Körper wirklich braucht.

EIN DRITTEL GEGART!

Uns geht's gut

Da dein Körper zum größten Teil aus Wasser besteht, solltest du täglich zwei bis drei Liter kalorienarme Getränke zu dir nehmen. Das auch kann Wasser aus der Leitung sein. Denn das ist das am

besten überwachte Nahrungsmittel überhaupt. Gut sind auch Schorlegetränke mit hochwertigen Obstsäften.
Wichtig ist aber vor allem, dass du möglichst wenig industriell vorgefertige Mahlzeiten zu dir nimmst. Denn das sind keine natürlichen Nahrungsmittel mehr und enthalten oft eine Reihe von künstlichen Geschmacksverstärkern und anderen Zusatzstoffen, ohne die das aufwendig bearbeitete Lebensmittel überhaupt nicht schmecken würde.
Das bedeutet aber nicht, dass du auf deine Lieblingsspeisen gänzlich verzichten musst. Deine wichtigste Ernährungsregel lautet nämlich: Nichts ist verboten, alles ist in Maßen erlaubt. Vor allem solltest du möglichst abwechslungsreich und frische Nahrungsmittel essen. Dann macht gelegentlich ein Stück Torte oder eine Portion Pommes frites nichts aus. Bedenklich wird es erst, wenn du dich einseitig ernährst und immer das Gleiche isst. Das, was du isst, solltest du ohne schlechtes Gewissen essen.

Bei Frauen und jungen Mädchen, die die Antibabypille einnehmen, wurde gelegentlich ein Mangel an Vitaminen festgestellt. Wenn du mit der Pille verhütest, solltest du versuchen, mit Paprika, Zitrusfrüchten und Vollkornprodukten deinen erhöhten Vitamin-B6- und Vitamin-C-Bedarf zu decken.
Mit der richtigen Ernährung und regelmäßiger Bewegung erübrigen sich glücklicherweise meist auch Gewichtsprobleme. Eine gesunde Ernährung kurbelt den Stoffwechsel und die Verdauung an und macht satt, obwohl du weniger isst. Wenn du überschüssige Pfunde loswerden musst, solltest du dich an diese ausgewogene Ernährung halten und vor allem die Finger von Diäten lassen. Denn Diäten machen nur eines: dick!
Durch radikales Hungern wird der »Jojo-Effekt« ausgelöst: Kaum hast du eine Diät hinter dir, zeigt die Waage schon wieder das alte Gewicht oder sogar noch mehr an! Der Grund dafür: Beim Hungern senkt dein Körper automatisch seinen Grundumsatz um bis zu vierzig Prozent. Das ist der Energiebedarf für Atmung, Herztätigkeit und Stoffwechsel. Diesen verbrauchst du, selbst wenn du faul im Bett liegst und gar nichts tust. Die Fettspeicher schmelzen zwar, doch beim nächsten Schlemmen füllen sie sich schneller auf als je zuvor. Denn der Stoffwechsel reagiert nach der Hungerkur empfindlicher auf das Hormon Insulin. Dieses reguliert zum einen deinen Blutzuckerspiegel und steuert zum anderen die Fettspeicherung für Notzeiten.
So schaukelt sich dein Körpergewicht durch wiederholte Hungerkuren immer weiter nach oben. Am Ende kannst du

Uns geht's gut

überhaupt nicht mehr normal essen. Das vermeidest du nur durch eine dauerhafte Umstellung auf eine abwechslungsreiche, leichte Kost und mehr Bewegung.

Bewegung

Ausreichend und vor allem regelmäßige Bewegung gilt heute als superwichtig für deine Gesundheit und Fitness. Du kannst dich damit nicht nur vor Krankheiten (sogar vor Krebs!) schützen, sondern bereits bestehende Leiden wieder wegtrainieren. Was noch toller ist: Du hältst damit deinen Body in Topform. Denn neunzig Prozent aller Kalorien werden in deinen Muskeln verbrannt. Folglich verbrennst du umso mehr Kalorien, je mehr Muskeln du hast. Und je mehr Muskeln du hast, desto straffer dein Körper.

Untrainierte Muskeln verbrennen weniger Kalorien. Die nicht verbrannten Kalorien verwandeln sich in Fett und setzen sich an den bekannten Stellen ab: an Po, Oberschenkeln, Bauch und im Gesicht. Je mehr überflüssige Pfunde du hast, desto schwerfälliger und langsamer bewegst du dich. Je müder deine Muskeln werden, desto verschleißgefährdeter ist dein ganzer Körper. Viele übergewichtige Jugendliche haben schon jetzt Probleme mit ihren Gelenken – das ist eigentlich ein Seniorenleiden.

Dein gesamter Stoffwechsel beginnt vor sich hin zu siechen und arbeitet nur noch langsam. Dein Immunsystem macht über kurz oder lang schlapp: Du bekommst ständig Erkältungen oder Entzündungen. Je höher der Prozentsatz an Fett im Körper ist, desto langsamer läuft der Stoffwechsel. Die Fähigkeit des Körpers Fett zu speichern ist leider unbegrenzt. Und die Fettzelle ist ein zähes Luder. Sobald der Speck erst einmal am Körper sitzt, gibt es nur eine Möglichkeit, ihn wieder loszuwerden: Du musst ihn in Form von Energie verbrennen – sprich dich mehr bewegen.

Viele Jugendliche sind in Sportvereinen und Fitnessstudios aktiv oder bei Trend-

Uns geht's gut

sportevents engagiert. Welche Sport- oder Bewegungsart du dir aussuchst, ist nicht so wichtig. Je nachdem was du erreichen willst, solltest du Ausdauer-, Kraft- und Koordinationstraining oder eine Mischung aus allem machen.
Um Kraft, Geschmeidigkeit und Leistungsfähigkeit zu fördern, solltest du Sportarten bevorzugen, die deinen ganzen Körper fordern: Laufen, Schwimmen, Wandern, Skilanglauf, Rudern, Radfahren und Tanzen. Das trainiert deine Kondition, steigert deine Laune und lässt die Pfunde schmelzen. Wenn du zusätzlich noch gezieltes Muskeltraining machst, erhöhst du deine Fettverbrennung.
Deine Geschmeidigkeit förderst du zum Beispiel durch Tai-Chi oder Taekwondo. Körperliche Aktivitäten und innere Ausgeglichenheit stehen in enger Beziehung zueinander. Also: Auf geht's!

Das tut gut

Es gibt noch eine Reihe anderer Dinge, die sich positiv auf dein Wohlbefinden auswirken. Zum Beispiel ist ein ausreichendes Maß an Entspannung wichtig. Damit sind jedoch nicht die Stunden gemeint, die du planlos vor dem Fernseher oder dem Computer abhängst, sondern ganz gezieltes Ausruhen.
Selbst vor Kindern und Jugendlichen macht der Stress nicht Halt. Wir alle muten uns viel zu viel zu: Zu hohe Anforderungen in Schule und Privatleben, volle Terminkalender schon im Kindesalter, immer neue Reize, Fernsehen oder Computerspiele führen dazu, dass echte Erholung viel zu kurz kommt. In Yoga-Kursen oder bei autogenem Training kann man lernen, wie man gezielt entspannt.
Wenn du das Gefühl hast, etwa durch verkrampftes Sitzen in der Schule verspannt zu sein, kannst du mit deinen Eltern über eine Massage sprechen. Das wird manchmal sogar von der Krankenkasse bezahlt und steht auch Kindern zu. Massage fördert die Durchblutung, beseitigt schädliche Ablagerungen, löst Verspannungen und lindert Schmerzen. Sie macht die Haut, die Muskulatur und das Bindegewebe geschmeidig. Eine der wichtigsten Wirkungen der Massage aber ist die Entspannung und eine verbesserte Atmung.
Deinen gesamten Stoffwechsel, die Haut und den Kreislauf aktivierst du durch Massageduschen. Dazu duschst du dich morgens und abends nach dem normalen Duschen im Wechsel warm und kalt ab. Mit einer kalten Dusche hörst du auf. Das erfrischt dich ungemein und auch dein Immunsystem wird dadurch fit.

Uns geht's gut

Saunabesuche haben eine ähnliche Trainingswirkung auf deinen Organismus. Der eigentliche Trick der Sauna liegt im Kältereiz, der auf die extreme Wärme folgt. Deine rund zwei bis drei Millionen Schweißdrüsen werden in der Sauna trainiert und sorgen für ausreichend Feuchtigkeit auf der Haut. Sie pumpen vermehrt Schweiß an die Oberfläche, reinigen dabei die Haut wirklich porentief und transportieren Gift- und Abbaustoffe aus deinem Körper.

Du riechst gut

Zu einem guten Aussehen gehört natürlich auch die Körperpflege – das gilt für Mädchen und Jungs. Denn das schönste Outfit nützt nichts, wenn es darunter mieft und müffelt. Die beste und angenehmste Möglichkeit der Körperreinigung ist die tägliche Dusche mit einer milden Babyseife oder einer seifenfreien Waschlotion. Zu häufiges Baden laugt deine Haut auf Dauer aus und greift ihren natürlichen Säureschutzmantel an. Diese Schutzhülle dient als Abwehrbarriere gegen Krankheiten. Umso besser muss sie auch selbst geschützt werden: Wenn du dich nach dem Waschen, Baden oder Duschen gut eincremst, liegst du auf jeden Fall richtig. Gute Pflegeprodukte müssen übrigens keine Unsummen kosten. Achte aber darauf, dass sie kein Erdöl enthalten.

Jugendliche mit Hautproblemen wie Akne sollten einen Hautarzt aufsuchen. Es gibt nämlich eine Reihe von wirksamen Behandlungsmethoden, die schnell anschlagen. Je eher sie angewendet werden, umso eher werden bleibende Schäden auf deiner Haut vermieden.

Auf keinen Fall solltest du an den Pickeln herumdrücken. Besorg dir auf jeden Fall ein Anti-Pickel-Pflegeprogramm in der Apotheke. Das ist antiseptisch und hilft dir mit seinen speziellen Inhaltsstoffen tatsächlich über die Runden. Hier bekommst du auch spezielles Make-up und Abdeckstifte.

Sanfte Pflege ist für deine Haare ebenfalls wichtig: Sie nehmen aggressives Waschen und mechanische Strapazen wie Kämmen, Bürsten und Föhnen übel. Dadurch werden sie trocken, schuppig und glanzlos. Ein möglichst mildes Shampoo und Pflegespülungen gehören deshalb zum haarigen Programm. Am allerwichtigsten ist es, die Haare so lange

Uns geht's gut

auszuspülen, bis sie »quietschen«. Oft machen nämlich Reste des Shampoos, der Spülung, aber auch zu viel Gel die Haare stumpf und unansehnlich.
Schöne und gesunde Zähne gehören unbedingt zu einem guten Aussehen dazu. Mindestens zweimal am Tag solltest du sie fünf Minuten lang von allen Seiten bürsten. Wie du das am effektivsten machst, zeigt dir dein Zahnarzt. Er wird dir auch erklären, wie du deine Zähne am besten pflegst, wenn du eine Zahnspange trägst. Gereinigt werden die Zähne morgens, abends und eine halbe Stunde nach den Mahlzeiten. Wenn du genascht oder Obstsaft getrunken hast, solltest du dir ebenfalls nach rund einer halben Stunde die Zähne putzen. Beim Naschen nehmen es dir deine Zähne übrigens weniger übel, wenn du einmal am Tag richtig naschst, als wenn du ständig etwas Süßes im Mund hast. Zweimal jährlich steht ein Besuch beim Zahnarzt auf dem Programm.

Hygieneregeln für Mädchen

Bei jedem Toilettengang wischst du dich von vorn nach hinten ab. So vermeidest du, dass Keime aus dem Darm in die Scheide oder die Harnblase aufsteigen können. Ansonsten sollten innere und äußere Schamlippen sowie die Gegend um den Darmausgang morgens und abends – bei Bedarf auch öfter – behutsam mit viel Wasser gewaschen werden.
Intimsprays und Scheidenspülungen sind überflüssig. Sie können die empfindliche Region reizen und Infektionen Vorschub leisten. Die Scheide selbst verfügt über ein hervorragendes Selbstreinigungssystem. Zwar leben in ihr viele Bakterien und mit jedem Geschlechtsverkehr kommen etliche dazu. Doch einige von ihnen sind überaus nützlich. So sorgen die Milchsäurebakterien dafür, dass das Klima in der Scheide immer leicht sauer ist. Darin vermehren sich Krankheitserreger wie Trichomonaden oder Pilze nicht so rasant. Das ist der beste Schutz vor Scheidenentzündungen.
Natürlich kannst du bei der täglichen Hygiene auch zu viel des Guten tun – etwa wenn du zu oft oder stark mit Seife an dir herumrubbelst. Das Säuregleichgewicht und der Selbstreinigungsmechanismus können geschwächt werden. Manche Mädchen tun das, weil sie mit ihrem eigenen Intimduft auf Kriegsfuß stehen.

Uns geht's gut

Deine Unterwäsche sollte leicht und luftig sein. Alles, was einengt, Wärme und Feuchtigkeit staut, verändert und verstärkt die Gerüche und leistet dem Bakterienwachstum Vorschub.

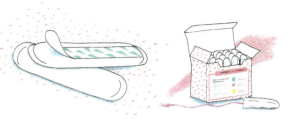

Monatshygiene

Früher gab es sehr viele Vorurteile, was die Körperpflege während der Menstruation anging. Lange Zeit dachte man sogar, dass es schädlich für Frauen sei, sich in dieser Zeit zu waschen.
Dann fand man wieder eine ganze Weile, Frauen könnten sich während der Regel gar nicht oft genug waschen. Heute weiß man jedoch, dass sich kein Mädchen und keine Frau während der Blutung anders als sonst verhalten sollte. Es sei denn, sie möchte es. Gewöhnlich riecht Blut nicht unangenehm. Erst nach längerer Zeit zersetzt sich das Menstruationsblut, das an den feinen Härchen und zwischen den Schamlippen hängen bleibt, unter dem Einfluss von Sauerstoff. Wenn du viel unterwegs bist und dich waschen möchtest, dich aber nicht mit Wasser und Seife reinigen kannst, behilfst du dich vielleicht mit Intim- oder Öltüchlein, wie sie für die Babypflege angeboten werden. Wichtig für die Hygiene während der Regel ist der richtige Blutungsschutz. Nach wie vor tragen viele Frauen gerne Binden. Das Menstruationsblut kann ungehindert aus der Scheide ausfließen. Eine Kunststofffolie an der Unterseite der Binde soll das Durchtreten des Blutes verhindern. Die meisten Binden sind mit Klebestreifen ausgestattet, damit sie im Höschen nicht verrutschen.
Mit einem Tampon können Frauen auch während der Regel ungehindert Sport treiben oder schwimmen gehen. Ein Tampon besteht aus zusammengerolltem Baumwollwattevlies und einem Rückholfaden aus Baumwolle. Tampons sind sehr saugfähig und können viel Blut aufnehmen. Einen Blutstau in der Scheide verursachen sie also nicht. Ein Tampon darf dennoch weder zu häufig noch zu selten gewechselt werden. Generell sollte er nicht weniger als vier und nicht länger als acht bis zehn Stunden getragen werden. Die Größe des verwendeten Tampons hängt von der Stärke deiner Blutung ab. Hast du das Bedürfnis, den Tampon öfter zu wechseln, solltest du eine kleinere Größe wählen. Der kleine Tampon saugt sich schneller voll und gleitet dann beim Wechseln leichter heraus. Ein großer, bei häufigem Wechseln zu trockener Tampon könnte die Scheidenwände reizen. Wenn die Blutung sehr stark ist und der Tampon mehrmals gewechselt werden muss, ist es ratsam, die nächstgrößere Tamponsorte zu wählen. Zusätzlich zum Tampon könntest du dich – vor allem nachts – mit einer Binde oder einer Slipeinlage schützen.
Falls dich das beunruhigt: Auch ganz junge Mädchen können bedenkenlos Tampons verwenden. Das Jungfernhäutchen hat in der Mitte eine dehnbare Öffnung, durch die ein Tampon ohne Schwierigkeiten hindurchpasst.
Für junge Mädchen gibt es besonders kleine Tampons zum Ausprobieren und Üben.

Uns geht's gut

Hygieneregeln für Jungen

Die Körperpflege ist für Jungen genauso wichtig wie für Mädchen. Das war nicht immer so. Da hieß es, ein richtiger Mann riecht nach Leder, Motorenöl und Schweiß. Bei erwachsenen Männern soll es noch immer vorkommen, dass sie sich nicht einmal täglich waschen. Vom Wechseln der Unterwäsche und der Socken ganz zu schweigen. Dabei riechen Männer ungewaschen keineswegs besser als Frauen. Ein ungepflegtes Glied beispielsweise hat eine unangenehme säuerlich bittere Ausdünstung.

Im Bereich der Geschlechtsorgane wird besonders viel Schweiß abgesondert – beispielsweise zwischen den Oberschenkeln und den Hoden. Unter der Vorhaut des Gliedes sammelt sich eine Absonderung, das Smegma. Wenn es sich zersetzt, entstehen Abbauprodukte, die sowohl beim Mann als auch bei der Frau die Krebsentstehung beeinflussen sollen. Belegt wird dies durch verschiedene Beobachtungen: Juden, die wenige Tage nach der Geburt aus religiösen Gründen beschnitten werden, erkranken nur in ganz seltenen Fällen an einem Peniskrebs. Bei unbeschnittenen Männern ist das wesentlich häufiger der Fall. Auch bei den Partnerinnen beschnittener Männer wird wesentlich seltener Krebs am Gebärmutterhals entdeckt.

Heute warnt man davor, denn wenn dieses Hautstück fehlt, leidet der Mann häufig unter Störungen des Empfindens. In dem abgeschnittenen Stück Haut sitzen wichtige Drüsen und sensible Nervenenden, die auch für die sexuelle Befriedigung wichtig sind. Übrigens sollte das Händewaschen nach dem Gang auf die Toilette selbstverständlich sein.

So machst du es richtig: Glied und Hodensack solltest du morgens und abends mit viel Wasser und seifenfreier Lotion waschen. Ist die Lotion wieder abgespült, ziehst du die Vorhaut vorsichtig zurück, um die Eichel freizulegen. Diesen Bereich reinigst du nun mit klarem lauwarmem Wasser gründlich und tupfst ihn anschließend mit einem Handtuch sanft ab. Hast du das Bedürfnis danach, kannst du dich bedenkenlos öfter waschen – vor allem auch nach dem Stuhlgang. Für unterwegs sind Öltüchlein zu empfehlen. Ganz besonders wichtig ist es, dass du gut gewaschen in den Geschlechtsverkehr »startest«.

Für Jungen sind alle Pflegemaßnahmen gut, die normalerweise immer nur in Zusammenhang mit Mädchen erwähnt werden: Ein warmes Bad, Wechselduschen und Massagen tun ihnen bei Stress und Verspannung genauso wohl.

Falsche Freunde

Dem schlechten Beispiel vieler Erwachsener folgend greifen Jugendliche heute immer häufiger zu Drogen aller Art. Komasaufen und Haschtripps sind für viele an der Tagesordnung. Fast überall werden Drogen mehr oder weniger frei angeboten. Der Alkohol-, Zigaretten-, Haschisch-, Ecstasy- und Medikamentenkonsum hat in erschreckendem Ausmaß zugenommen. Die noch gefährlicheren Drogen sind Rauschgifte wie zum Beispiel Heroin.

Der Wunsch vieler Jugendlicher, sich sinnlos zu berauschen, entsteht meist aus dem Verlangen heraus, dem Alltag zu entfliehen. Wer säuft, ist cool und gehört dazu. Nach wie vor findet Drogenmissbrauch am häufigsten in schwierigen Lebenssituationen statt. Rauschgiftabhängige Jugendliche kommen besonders oft aus zerstörten Familien. Doch vor Drogen ist niemand mehr gefeit.

Viele Jugendliche bevorzugen die sogenannten »weichen Drogen« – doch

diese sind nach aktuellen wissenschaftlichen Erkenntnissen genauso gefährlich wie die »harten Drogen«.

Wenn du nicht die Herrschaft über deine Gefühle, dein Denken und Handeln verlieren willst, wenn du nicht eine der schönsten Zeiten des Lebens mit Abhängigkeit verderben möchtest, solltest du auf die Einnahme von Drogen verzichten. Den vielleicht anfangs schönen Gefühlen und Bildern folgen Wahnzustände, Depressionen, Schlaflosigkeit, Leberschäden, Blutkrankheiten, Entzündungen, Zyklusstörungen, Potenzstörungen, schwere seelische Leiden und allgemeine Krankheitsanfälligkeit. Nicht selten wird bei drogenabhängigen Jugendlichen eine Schizophrenie hervorgerufen, die nie wieder verschwindet.

Am schlimmsten ist die körperliche und seelische Abhängigkeit, die ein normales Leben fast unmöglich macht. Vor allem beim Heroin ist die Abhängigkeit so

Uns geht's gut

stark, dass die Betroffenen zeitweise nur noch daran denken, wie sie an das viele Geld für ihre nächste Spritze, ihren nächsten »Schuss«, kommen können. Einer weiterer Grund, warum die Drogenabhängigkeit so zunimmt, ist die Tatsache, dass Jugendliche nicht einsehen wollen, wo denn der Unterschied zwischen den erlaubten Drogen wie Alkohol und Rauchen und den verbotenen wie Haschisch, Kokain oder neueren Suchtstoffen wie Ecstasy oder Christal Meth liegt. Dabei lohnt es sich kaum, sie gegeneinander aufzuwiegen: In der Art ihrer Auswirkung ist die Abhängigkeit bei allen Drogen vergleichbar schlimm. Denn sie setzen alle an der gleichen Stelle im Gehirn an. Mit dem Konsum jeder einzelnen Droge setzt du über kurz oder lang dein Leben aufs Spiel. Bei den reinen Rauschgiften geht der Verfall noch schneller vor sich, die Entwürdi-

gung der Person und der Zwang, sich stets Geld beschaffen zu müssen, sind besonders ausgeprägt und auffällig. Wenn du Drogenprobleme hast, solltest du dich unbedingt an eine Drogenberatungsstelle wenden. Es gilt, keine Zeit zu verlieren. Sich allein aus der Abhängigkeit zu befreien, ist meist kaum möglich. Kein Suchtmittel kann dein Leben verbessern. Das Leben solltest du unbedingt mit ganz klarem Kopf genießen. »Wohlmeinenden« Verführern gehst du am besten aus dem Weg.

Zukunft kommt nicht von Zufall

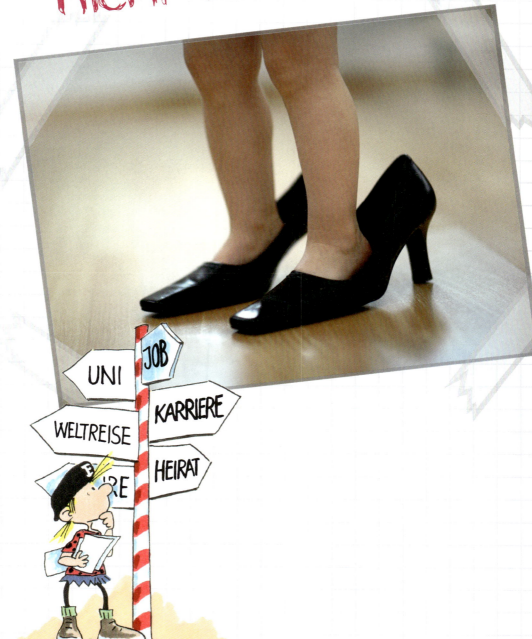

Zukunft

Ihr habt wahrscheinlich große Erwartungen an eure Zukunft und die Ereignisse, die auf euch zukommen. Es gibt Träume, an deren Verwirklichung ihr felsenfest glaubt. Und das ist auch gut so. Denn wer keine Träume und Visionen hat, dem fehlt das Lebensziel. Doch die Realität ist oft anders, als wir sie uns erträumen, und die Enttäuschungen können riesengroß sein. Das ist aber nicht negativ. Denn die schönsten Träume nützen dir nichts, wenn sie unrealistisch sind und es gar keine Chance gibt, sie jemals umzusetzen. Jeder Mensch muss erst lernen, das Leben mit seinen Möglichkeiten richtig einzuschätzen. Die Zahl der Rückschläge und Reinfälle wird sich automatisch erhöhen, je mehr es dich in die »große weite Welt« hinausdrängt. Das gilt besonders für alle, die sehr behütet aufgewachsen sind und nun plötzlich feststellen müssen, wie es ist, wenn man »selbst auslöffeln muss, was man sich eingebrockt hat«.

Wo geht's denn hier zur Zukunft?

In der Pubertät werden die ersten Überlegungen für das spätere Leben angestellt: Partnerwahl, Studium, Ausbildung, Berufsweg, Familienplanung, Ortswahl und Lebensform – dazu stellen sich viele Fragen: Will man Karriere machen oder ohne viel Geld leben? Ersatzdienst oder Wehrdienst absolvieren? Studieren oder eine Lehre machen? Wie die Eltern oder ganz anders leben? Kinder haben oder keine? Einen Partner, keinen oder mehrere? Heiraten oder nicht? Als Single leben oder in einer Wohngemeinschaft? Arbeiten oder Kinder aufziehen? Sich politisch und sozial engagieren oder sich treiben lassen?

Es gibt keinen Grund, sich drängen zu lassen und etwas von heute auf morgen zu entscheiden. Sehr wahrscheinlich braucht es eine Weile, bis du erkennst, was du selbst möchtest. Allerdings solltest du deine Ziele nicht aus dem Blick verlieren und dadurch deine Chancen verpassen. Von deinem Verhalten in der Jugend hängt so viel ab. Später ist es schwer, Dinge nachzuholen, die du versäumt hast. Jetzt gilt es, Chancen zu erkennen, auszunutzen, auszuleben und auszukosten.

Das macht allerdings unsicher und manchmal auch verzagt. Gelegentlich spuckt jeder mal große Töne und vermittelt anderen das Gefühl, alles locker und cool im Griff zu haben. Insgeheim weißt du aber höchstwahrscheinlich oft wirklich nicht, wie du allein mit der Welt klarkommen sollst. Diese Unsicherheit wird

Zukunft

etwas gemildert, wenn du von Erwachsenen umgeben bist, die dich immer wieder verständnisvoll auffangen und auch mal liebevoll in die Arme nehmen. Inmitten all dieser Hochs und Tiefs ein echtes und gesundes Selbstbewusstsein zu entwickeln ist kein Kinderspiel. Jeder Mensch braucht jede Menge Ermutigung und Rückendeckung von Familie und Freunden, um selbstbewusst in der Welt bestehen zu können – das ist übrigens in jeder Lebensphase so.
Für Jugendliche, die nicht ernst genommen werden, verstärken sich die Probleme. Die Einsamkeit, die jeder Mensch in sich trägt und in der Pubertät besonders intensiv erlebt, kann unerträglich werden.
Nicht selten sind Gefühle, die daraus entstehen, so stark, dass sie irgendwie ausgelebt werden müssen. Das kann manchmal auch eine selbstzerstörerische Richtung bekommen. Viele Jugendliche wenden sich dann gegen sich selbst, indem sie Drogen nehmen, sich überanstrengen, sich hängen lassen, zu viel oder zu wenig essen, zu wenig schlafen, qualmen oder trinken. Dass das deine Kraft einschränkt, dich auf deine eigenen Ziele zu konzentrieren, liegt auf der Hand. Oder sie richten ihre Aggressionen gegen andere. Obwohl vielen jungen Leuten (auch wenn sie selbst das nicht immer so sehen) für vieles noch die Verantwortung abgenommen wird, liegen Gesundheit und körperliches und seelisches Wohlbefinden zum großen Teil schon in ihrer Eigenverantwortung. Ob Jugendliche ihr eigenes Leben pflegen und hegen oder zerstören, entscheiden sie weitgehend selbst.

Deine Gefühle

Alle damit verbundenen Gefühle werden leichter, wenn du versuchst, sie irgendwie auszudrücken. Sei es in Worten, in Bildern, in Gedichten, in Geschichten oder in Musik. Wer jahrelang seine eigenen Gefühle missachtet, verbirgt und hinunterschluckt, riskiert, krank zu werden. Außerdem wird das harmonische Zusammenleben mit anderen Menschen dadurch unmöglich, da du ja immer einen ganz wesentlichen Teil von dir versteckst.

An vielen Erwachsenen lässt sich beobachten, dass sie es nicht geschafft haben, sich selbst zu mögen und sich anderen Menschen wirklich zu öffnen.
Mit anderen über die eigenen Gefühle zu sprechen, ist andererseits nicht immer besonders leicht. Denn du gibst damit für diesen Moment deine schützende Hülle auf und machst dich für nicht vertrauenswürdige Menschen angreifbar. Leider weiß man immer erst hinterher, welchen Menschen man wirklich vertrauen kann. Zudem ist mit einer solchen Offenheit immer auch ein gewisses Eingeständnis von Schwäche verbunden. Jeder Mensch träumt ja davon, Superfrau oder Supermann zu sein: intelligent, überlegen, unverwundbar und edel.

Zukunft

Wir alle neigen dazu, unseren Mitmenschen ein anderes Bild von uns selbst vorzuspiegeln. Das kann in vielen Situationen sogar sehr hilfreich sein. Doch Gespräche, Diskussionen und Auseinandersetzungen können dir helfen, dich erst einmal selbst besser kennen zu lernen und ein gutes Gefühl für deine eigenen Stärken zu entwickeln.
Wenn du um deine Stärken weißt, wird es dir gelingen, auch deine Schwächen anders zu bewerten oder sogar in Stärken zu verwandeln.
Erwachsenwerden ist ein langer und manchmal beschwerlicher Weg, auf dem du Stück für Stück deine eigenen Erfahrungen machen musst. Erst diese Erfahrungen machen aber einen reifen Menschen aus. Mit der Zeit stellen sich immer häufiger Erfolgserlebnisse ein. Und Erfolge machen Spaß! Sie ziehen weitere Erfolgserlebnisse nach sich. Nichts ist so erfolgreich wie der Erfolg, sagt man. Deshalb solltest du trotz gelegentlicher Nackenschläge niemals den Mut verlieren. Es lohnt sich. Es gibt nur dieses eine Leben. Lebe und genieße es, so gut du kannst!

Adressen

Bundeszentrale für gesundheitliche Aufklärung/BZgA
Postfach 91 01 52 · 51071 Köln
Tel. 02 21/89 92-0 · www.bzga.de

Die BZgA gibt unter anderem viele gute Broschüren heraus, die kostenlos unter order@bzga.de angefordert werden können.

pro familia – Deutsche Gesellschaft für Familienplanung, Sexualpädagogik und Sexualberatung e. V.
Stresemannallee 3 · 60596 Frankfurt
Tel. 069/63 90 02 · www.profamilia.de

In vielen Städten gibt es Beratungsstellen von pro familia. Die Adressen findest du im Telefonbuch. Beim Bundesverband kannst du dir auch interessante Broschüren (zum Teil auch als kostenlose Downloads auf der Homepage unter www.profamilia.de/shop) organisieren, außerdem gibt es die Möglichkeit, sich per Telefon oder E-Mail beraten zu lassen.

Sexueller Missbrauch
Wer Opfer von sexuellem Missbrauch geworden ist, bekommt besonders bei zwei Informationsstellen Hilfe.

**Wildwasser Kreis Groß-Gerau e.V.
Verein gegen sexuellen Missbrauch**
Darmstädter Str. 101 · 65428 Rüsselsheim
Tel. 0 61 42/96 57 60 · info@wildwasser.de
www.wildwasser.de

Der Verein Wildwasser bietet Opfern von sexuellem Missbrauch Rat, Hilfe und Unterstützung.

Zartbitter Köln e.V.
Kontakt- und Informationsstelle gegen sexuellen Missbrauch an Mädchen und Jungen
Sachsenring 2 – 4 · 50677 Köln
Telefon 02 21/31 20 55
Telefax 02 21/9 32 03 97
info@zartbitter.de · www.zartbitter.de

Bei der Kontakt- und Informationsstelle »Zartbitter« erhält man Tipps und Hilfe und wird auf der Homepage ausführlich über die Tricks der Sexualtäter im Internet informiert.

Auch die Mitarbeiterinnen und Mitarbeiter des Kinder- und Jugendtelefons (»Nummer gegen Kummer«) und der Telefonseelsorge hören dir zu und können konkret helfen.

Kinder- und Jugendtelefon des deutschen Kinderschutzbundes:
08 00/1 11 03 33 (kostenlos)

Mehr Infos über die Telefonberatung von Jugendlichen für Jugendliche bekommst du unter www.ngk.cycro-project.de/frontend/itid_186/
Telefonseelsorge:
Evangelisch: 08 00/1 11 01 11 (kostenlos)
Katholisch: 08 00/1 11 02 22 (kostenlos)

Adressen

Homosexualität

Folgende Organisationen bieten Informationen, Unterstützung und Kontakte für alle, die lesbisch oder schwul sind (und für ihre Freunde und Familien):

Lesben- und Schwulenverband in Deutschland (LSVD)
Postfach 10 34 14 · 50474 Köln
Tel. 02 21/92 59 61-0 · www.lsvd.de

**Jugendnetzwerk Lambda e.V.
(Schwul-lesbischer Jugendverband)**
Windthorstr. 43a · 99096 Erfurt
Tel. 03 61/6 44 87 54 · www.lambda-online.de

Aids

Egal, ob du dich über HIV und Aids informieren möchtest, ob du Angst hast, du könntest dich infiziert haben oder ob du oder jemand aus deinem Freundeskreis bereits betroffen ist: Hier findest du Ansprechpartner für alle Fragen rund um das Thema Aids/HIV.

Bundesweites Telefonberatungsangebot der Aidshilfen
Tel. 01 80/3 31 94 11

Deutsche AIDS-Hilfe e.V.
Wilhelmstr. 138 · 10967 Berlin
Tel. 030/69 00 87-0 · www.aidshilfe.de

Ungewollte Schwangerschaft

Verschiedene Organisationen bieten Beratungen an, zum Beispiel pro familia, die Arbeiterwohlfahrt (AWO), der Deutsche Paritätische Wohlfahrtsverband, das Diakonische Werk (evangelische Kirche) oder Donum Vitae e.V. (katholisch geprägt).

Du kannst dich bei den folgenden Institutionen erkundigen, wo eine Beratungsstelle in deiner Nähe ist:

pro familia
Stresemannallee 3 · 60596 Frankfurt
Tel. 069/63 90 02 · www.profamilia.de

**Arbeiterwohlfahrt (AWO)
Bundesverband e.V.**
Heinrich-Albertz-Haus
Blücherstr. 62/63 · 10961 Berlin
Tel. 030/2 63 09-0
www.awo.org

Der Paritätische Gesamtverband
Oranienburger Str. 13 – 14 · 10178 Berlin
Tel. 030/2 46 36-0 · www.paritaet.org

Diakonisches Werk
Stafflenbergstr. 76 · 70184 Stuttgart
Tel. 07 11/21 59-0
www.diakonie.de

Donum Vitae
Breite Str. 27
53111 Bonn
Tel. 02 28/3 86 73 43
www.donumvitae.org
Internetadressen rund um Sex,
Liebe und Verhütung

www.loveline.de
Eine Jugendseite der Bundeszentrale für gesundheitliche Aufklärung – hier finden sich viele Informationen zu den Themen Frauenarzt, Liebe, Mädchen und Jungen, Schönheit, Pubertät und mehr. Außerdem gibt es u. a. eine Sammlung von Fragen und Antworten, Beratungsangebote, Spiele und einen Chatroom.

Adressen

www.sexundso.de
Eine Seite von pro familia mit vielen
Infos zum Beispiel über Verliebtheit, das
erste Mal und die Pille danach. Es gibt
viele Links zu weiteren interessanten
Internetadressen und das Angebot einer
persönlichen Beratung per E-Mail.

www.pille.com
Ausführliche Informationen und prakti-
sche Tipps rund um die Verhütung mit
der Pille.

Wichtige Adressen in Österreich

Beratung rund um Sexualität
www.ifs.at
Verzeichnis aller Beratungsstellen für Ju-
gendliche des Instituts für Sozialdienste.
Hier gibt es wohnortnahe Adressen für
Jugendliche, die Beratung zu Themen wie
Sexualität, ungewollte Schwangerschaft
oder Gewalt suchen.

Sexueller Missbrauch
**Notruf und Beratung für vergewaltigte
Frauen und Mädchen**
Tel. 01/5 23 22 22
www.frauenberatung.at

**Beratungsstelle für sexuell
missbrauchte Mädchen**
Theobaldgasse 20/1 · 1060 Wien
Tel. 01/5 87 10 89
www.maedchenberatung.at

Homosexualität
Es gibt verschiedene regionale Homo-
sexuelleninitiativen (HOSI) in Österreich.
Adressen und Informationen über Ver-

anstaltungen gibt es zum Beispiel unter
www.hosilinz.at (Homosexuelle Initiative
Linz), www.hosi.or.at (Initiative Salzburg)
oder www.hosiwien.at (Initiative Wien)

Aids
Unter www.aidshilfen.at findet man die
Adressen aller sieben eigenständigen
Aidshilfevereine in Österreich.

Aids Hilfe Wien · Mariahilfer Gürtel 4
1060 Wien · Tel. 01/5 99 37

Wichtige Adressen in der Schweiz

Allgemeine Beratung
Pro juventute
Hauptsitz
Thurgauerstr. 15 · 8039 Zürich
Tel. 044/2 56 77 77
www.pro-juventute.ch

Die Stiftung Pro juventute ist eine
Beratungsinstitution mit mehreren
Regionalbüros, die Jugendliche umfas-
send informiert und berät.
Unter www.tschau.ch bietet Pro juventute eine persönliche E-Mail-Beratung
und verschiedene Informationen zu den
Themen Liebe und Sexualität an. Außerdem betreibt Pro juventute ein Sorgen-
telefon für Jugendliche. Hier kann man
unter der Nummer 147 rund um die Uhr
kostenlos anrufen.

Sexueller Missbrauch
**Nottelefon und Beratung für Frauen
gegen sexuelle Gewalt**
Tel. 044/2 91 46 46
www.frauenberatung.ch

Adressen

Homosexualität
Die Homosexuelle Arbeitsgruppe Zürich informiert allgemein, vermittelt Adressen und steht Schwulen und Lesben bei Problemen zur Seite. Man kann sich persönlich oder am Telefon beraten lassen.

Homosexuelle Arbeitsgruppe Zürich (HAZ)
Sihlquai 67 · 8005 Zürich
Tel. 044/2 71 22 50 · www.haz.ch

Aids
Bei der Aids-Hilfe Schweiz erhält man allgemeine Informationen, HIV-Tests und eine persönliche Beratung.

Aids-Hilfe Schweiz
Konradstr. 20 · 8005 Zürich
Tel. 044/4 47 11 11 · www.aids.ch

Ungewollte Schwangerschaft
Eine Adressenliste der anerkannten Beratungsstellen findet man unter www.isis-info.ch

Die Inhalte aller Internetadressen in diesem Buch wurden mit größtmöglicher Sorgfalt ausgesucht. Die Inhalte der Seiten können aber jederzeit von den Anbietern geändert werden. Daher übernehmen wir trotz sorgfältiger Prüfung keine Haftung für die Richtigkeit, Vollständigkeit und Aktualität dieser Webseiten.

Register

Abhängigkeit 117
Abnabeln 56
Abtreibung 99
Abtreibungspille 100
Abwehrsystem 105
Achselhaare 9, 18, 24, 31
Adoption 99 ,100
Aids 102, 103, 104
Aids-Test 105
Aids-Virus 103, 105, 106
Akne 46, 113
Alkohol 96, 104, 108, 117, 118
Annährungsversuche 67
Ansteckungsgefahr 102
Ausbildung 61, 83
Aussehen 61, 66

Baby 12, 14, 15, 21, 23, 96-97, 99
Bart 39
Bartwuchs 17
Basaltemperatur 90, 91
Bauchhöhle 38
Befruchtung 14, 23, 27, 29, 94
Beratungsgespräch 100
Beratungsstellen 52, 95, 98, 103
Bewegung 110, 111
Binden 115
Bisexuell 76
Blut 16, 37, 106
Blutung 29, 30, 34
Botenstoffe 16
Brust 21, 22, 41, 82
Brüste 17, 22, 31, 32, 71
Brustwarzen 21, 31
Busen 9, 22, 23, 41

Chlamydieninfektion 102
Christal Meth 118
Chromosomen 14
Cliquen 59, 67
Coitus interruptus 92

Diäten 110
Diskussionen 122
Drei-Monats-Spritze 87
Drogen 57, 96, 108, 117, 121
Drogenabhängigkeit 118
Drogenmissbrauch 117
Drogenprobleme 118
Drogensüchtig 106
Drüsen 16, 37, 38, 39, 42, 116
Duftstoffe 24

Eianlagen 16
Eichel 37, 74, 116
Eierstock 15, 16, 17, 21, 23, 25, 26, 27, 28, 30, 31

Eileiter 23, 26, 27, 28, 29, 43, 83, 92
Eisprung 24, 26, 29, 30, 84, 90, 91, 94
Eiweiß 109
Eizelle 14, 15, 17, 23 26, 27, 28, 29, 31, 42, 83
Ejakulation 43
Eltern 10, 13, 50-53, 57
Embryo 96, 100
Empfängnis 14
Empfängnisschutz 84
Entspannung 112
Entwicklungsphase 13
Erbanlagen 14, 23, 98
Erbinformationen 15
Erektion 16, 43, 44
Erfolgserlebnisse 122
Ernährung 13, 104, 108
Erwachsenwerden 12
Eunuchen 36
Ecstasy 117, 118

Familienberatungsstelle 96
Familienplanung 83
FemCap 89
Fett 109, 111
FSH (Follikel stimulierendes Hormon) 17, 27, 31, 39, 40
Fötus 96
Freunde 59, 60, 61
Freundschaft 68
Fruchtbare Tage 90, 94
Fruchtblase 96

Gebärmutter 23, 27, 28, 29, 30, 32, 83, 92, 96, 98
Gebärmutterhalskrebs 103
Gebärmuttermund 28, 89, 91
Gebärmutterschleimhaut 29
Gelbkörperhormon 29
Geburt 10, 12, 16, 98
Gefühle 10, 49, 121
Gehirn 16, 27, 61, 84, 98, 118
Genitalien 74, 75
Genitalwarzen 103
Geschlecht 10
Geschlechtshormone 16, 39
Geschlechtskrankheiten 102
Gonorrhöe (Tripper)102
Syphilis 102, 104
Geschlechtsorgane 15, 16, 17, 24, 25, 36, 37, 39, 116
Geschlechtsreif 8, 69
Geschlechtsteile 71
Geschlechtsverkehr 10, 37, 69, 70, 73, 78, 80, 82, 83, 88, 90, 91, 92, 94, 102, 104, 116, 160

Geschmacksverstärker 110
Gesetzliche Vorschriften 99
Gestagen 31, 84, 87
Gesundheit 108
Glied 9, 36, 37, 38, 43, 44, 45, 71, 74, 76, 88, 116
Gliedversteifung 43, 44
Gonorrhöe (Tripper)102
Gynäkologe 82

Haarwuchs 40
Harnröhre 38, 39, 42, 43, 74
Haschisch 118
Heroin 117
Herpes genitalis 102
Hirnanhangdrüse (Hypophyse) 17, 18, 31, 39, 40
HIV (Human Immunodeficiency Virus), menschliches Immun-schwächevirus 104
Hoden 15, 16, 17, 36, 37, 38, 39, 40, 41, 44, 116
Hodenhochstand 83
Hodensack 37, 38
Hodenzwischenzellen 39
Höhepunkt 72, 73, 74, 75, 76
Homosexualität 76, 77
Hormone 16, 16, 21, 24, 26, 32, 36, 41, 46, 76, 83, 84
Hormonelle Verhütungsmittel 84, 86, 87, 88, 92
Hormonimplantat 87
Hormonpflaster 82, 86
Hormonproduktion 25, 43
Hormonspiegel 43
Hormonspirale 86, 87
HPV (Humane Papillom-Virus) 103, 104
Hygiene 13, 114
Hypothalamus 17

Immunsystem 104, 111, 112
Infektionen der Scheide 102
Herpes genitalis 102
Chlamydieninfektion 102
Trichomonaden 102
Pilzerkrankungen 102
Insulin 110
Internet 80
Intra-Uterin-Pessar (Spirale) 87

Jojo-Effekt 110
Jungfernhäutchen 71, 115

Kitzler 23, 24, 37, 71, 73, 75
Klitoris 24
Knochen 18

127

Register

Kohlenhydrate 109
Kokain 118
Komasaufen 117
Kondom 81, 87, 88, 89, 102, 103, 104
Körperlich-seelische Entwicklung 13
Körperpflege 113, 116
Körpertemperatur 38, 90, 91
Krise 55
Küssen 70, 75

Lesbisch 76
LH (Luteinisierendes Hormon) 17, 28, 31, 39, 40
Liebe 9, 10, 32, 61, 64, 69, 70
Liebeskummer 65, 68
Lustgefühle 23

Medikamentenmissbrauch 108
Menstruation 25, 30, 32, 34, 82, 115
Menstruationskalender 30
Milchdrüsen 21, 23, 98
Milchprodukte 109
Milchsäurebakterien 114
Minderjährige 80, 82
Missbrauch 78
Mittelschmerz 28
Monatsblutung 16, 22, 25, 26, 32, 33, 95
Muskeln 18, 41
Muskeltraining 112
Mutterkuchen 96
Muttermilch 21
Muttermund 82, 89, 90, 98

Nabelschnur 96, 98
Natürliche Verhütung 90, 92
Nebenhoden 39, 42, 44, 74
Nebenwirkungen 84
Nikotin 41, 87, 96, 104, 108, 117, 118

Onanieren 44, 45, 46
Orgasmus 42, 43, 72, 73
Östrogen 15, 17, 18, 22, 25, 26, 27, 30, 31, 41, 84

Penis 45
Periode 31
Persönlichkeitsentwicklung 50
Petting 75, 76, 102
Pickel 41, 113
Pille 81, 82, 84, 110
Pille danach 92
Pilzerkrankungen 102
PMS (Prämenstruelles Syndrom) 32
Potenzstörungen 117
Präservativ 88
Progesteron 29
Prostaglandin 32

Prostata 37, 42
Pubertät 8, 9, 10, 12, 13, 16, 26, 23, 31, 32, 36, 39, 39, 40, 43, 44, 48, 49, 50, 55, 56, 59, 61, 64, 94, 120, 121

Rat und Hilfe 52
Rauchen 26, 87
Rauschgift 118
Regel 21, 25, 30, 32, 34, 94, 115
Regeldauer 29
Regelbeschwerden 32
Rezeptoren 16

Samen 39, 41, 42, 74, 76, 88
Samenbildung 38, 40
Samenerguss 43, 44, 88, 94
Samenfäden 39, 41
Samenflüssigkeit 39, 42, 43, 74
Samenleiter 37, 39, 42, 74, 92
Samenstränge 38
Samentötende Mittel (chemische Barrieremethoden) 90
Samenzellen 14, 15, 16, 17, 44, 23, 29, 83
Sauna 113
Säureschutzmantel 113
Schaft 37
Scham, Schamlippe, -spalte 24, 25, 82
Schamhaare 18, 24, 31, 39
Schaumzäpfchen 90
Scheide 23, 37, 45, 71, 76, 82, 88
Scheidung 53
Schizophrenie 117
Schleim 28
Schleimhaut 27, 29, 32
Schleimstrukturmethode 90, 91
Schmerzen 32, 71
Schönheitsideal 66
Schwangerschaft 16, 22, 27, 29, 76, 80, 81, 83, 87, 89
Schwangerschaftsabbruch 80, 99, 100
Schwangerschaftshormon HCH 95, 96
Schwangerschaftstest 96
Schwellkörper 37
Schwul 76
Sekrete 38
Selbstbefriedigung 44, 75
Sex 8, 32, 73, 77, 89
Sexualhormone 15
Sexualität 10, 17 ,39, 43, 56, 64, 69, 70, 72, 76, 80, 83
Sexualleben 77
Sexualorgan 22
Sexuelle Erregung 37, 44
Sexuelle Reifung 9
Smegma 116
Sperma, Spermien 41, 42, 43, 106

Stellungen 71
Sterilisation 92
Stillen 22, 23, 98
Stimmbänder 36, 41
Stimmbruch 36, 39
Stimmung 21
Stimmungsschwankungen 32
Stoffwechsel 111
Streicheln 75
Streit 52, 53, 54, 57, 58, 60
Stress 41, 53, 104, 108, 112, 115
Suchtmittel 118
Syphilis 102, 104

Tampon 115
Testosteron 15, 17, 18, 39, 40, 41
Träume 120
Trennung 52, 54, 55, 68
Trichomonaden 102

Übergewicht 108
Unfruchtbarkeit 87, 102
Urin 37, 43, 96

Vaginalpflaster 81
Vaginalring 82, 84, 86, 106
Veränderungen 8, 9, 10
Vergewaltigung 78
Verhütung 43, 76, 80, 81, 84, 87, 94, 100
Verhütungskappe LEA 89
Verhütungsmethoden 89, 94
Verhütungsmittel 80, 86, 91, 92, 103, 106
Verhütungspflaster 84
Verlieben 65, 66, 67, 68
Verschmelzung 15
Vertrauensperson 55
Vitamine 108, 109, 110
Vorhaut 37, 74, 116
Vorhautverengung 83
Vorsteherdrüse 39

Wachstumshormone 18
Wachstum, Wachstumsschub 18
Wahnzustände 117
Wasser 110
Wehen 98
Weißfluss 25

X-Chromosom 115
Y-Chromosom 115

Zähne 114
Zahnspange 114
Zärtlichkeit 65
Zwillinge 95
Zwischenhirn 17
Zyklus 23, 24, 26, 27, 29, 30, 32, 41, 82, 84, 91, 95
Zyklusstörungen 117